O Caminho da Iniciação Feminina

Sylvia Brinton Perera

O Caminho da Iniciação Feminina

Sacrifício, Integração e Ascensão no Mito da Descida da Deusa Inanna ao Submundo

Tradução
Maria Silvia Mourão Netto

Editora Cultrix
SÃO PAULO

Título do original: *Descent to the Goddess.*

1ª edição 2024.

Editor: Adilson Silva Ramachandra
Gerente editorial: Roseli de S. Ferraz
Preparação de originais: Marcela Vaz
Gerente de produção editorial: Indiara Faria Kayo
Editoração eletrônica: Join Bureau
Revisão: Bárbara Parente

Dados Internacionais de Catalogação na Publicação (CIP)
(Câmara Brasileira do Livro, SP, Brasil)

Perera, Sylvia Brinton
O caminho da iniciação feminina: sacrifício, integração e ascensão no mito da descida da deusa Inanna ao submundo / Sylvia Brinton Perera; tradução Maria Silvia Mourão Netto. – 1. ed. – São Paulo: Editora Cultrix, 2024.

Título original: Descent to the Goddess: a way of initiation for women
Bibliografia.
ISBN 978-65-5736-327-0

1. Deusas 2. Mulheres – Psicologia 3. Ritos de iniciação – Mitologia I. Título.

24-204356 CDD-155.633

Índices para catálogo sistemático:
1. Feminilidade: Psicologia feminina 155.633
Cibele Maria Dias – Bibliotecária – CRB-8/9427

Direitos de tradução para o Brasil adquiridos com exclusividade
pela EDITORA PENSAMENTO-CULTRIX LTDA., que se reserva a
propriedade literária desta tradução.
Rua Dr. Mário Vicente, 368 — 04270-000 — São Paulo, SP – Fone: (11) 2066-9000
http://www.editoracultrix.com.br
E-mail: atendimento@editoracultrix.com.br
Foi feito o depósito legal.

Sumário

Introdução

O retorno às deusas, para a renovação da origem material e espiritual do feminino, é um aspecto de importância vital para a mulher moderna em busca de sua totalidade. Nós, mulheres, que tivemos sucesso no mundo, normalmente somos as "filhinhas do papai", isto é, bem adaptadas à sociedade orientada pelo masculino, e repudiamos nosso próprio instinto feminino e nossos próprios padrões energéticos, assim como a cultura mutilou e denegriu a maioria deles. Precisamos voltar e redimir o que o patriarcado muitas vezes entendeu somente como grave ameaça e chamou de "mãe terrível", "dragão" ou "bruxa".[1]

A fim de conquistar sua posição heroica, progressista, capaz de domar os instintos e de se esforçar, o ego patriarcal tanto de homens como de mulheres fugiu da dimensão assombrosa da deusa. Quando não, tentou destruí-la, ou ao menos desmembrá-la e, assim, privá-la de sua potência. Mas é a ela – e sobretudo aos aspectos culturalmente reprimidos, à sua inelutável profundidade ctônica e caótica – que o novo ego em processo de individuação, do equilíbrio entre yin-yang, deve retornar a fim de reencontrar sua matriz e a força encarnada e flexível que lhe permita ser ativa e vulnerável, defender seu próprio território, e continuar tendo uma relação de empatia com os outros.

Esse retorno é comumente entendido como uma parte do padrão de desenvolvimento das mulheres, aquilo que Erich Neumann cita como reconexão com o Self (o arquétipo da totalidade e o centro de regulação da personalidade), depois do ouroboros patriarcal e o cônjuge no casamento patriarcal terem fortemente repelido a mãe.[2] No entanto, Adrienne Rich fala por muitas de nós quando escreve que "a mulher que eu precisava chamar de mãe foi silenciada antes que eu nascesse".[3] Em primeiro lugar, infelizmente, uma quantidade grande demais de mulheres modernas não foi cuidada por sua mãe. Em vez disso, cresceram no ambiente difícil da autoridade coletiva e abstrata – "impedidas desde os pés de ter contato com o chão", como disse uma mulher –, ambiente repleto dos comandos supressores do superego. Ou se identificaram com o pai e com a cultura patriarcal, distanciando-se desse modo de sua própria base feminina e da mãe pessoal, em geral vista como fraca e irrelevante.[4] Tais mulheres são as que mais necessitam encontrar a deusa em sua realidade primordial.

Essa conexão interior é uma iniciação, essencial à maioria das mulheres modernas no mundo ocidental; sem isso, não somos inteiras. É um processo que requer tanto o sacrifício da nossa identidade como filhas espirituais do patriarcado quanto a descida até o espírito da deusa, porque, em vasta medida, o poder e a paixão do feminino estão adormecidos no mundo inferior, em estado de exílio, há cinco mil anos.

Tabuleta contendo a primeira parte do poema "A Descida de Inanna". (Acervo Hilprect, Universidade de Jena)

I

Descida e Retorno

O mito de Inanna-Ishtar e Ereshkigal

Há muitos mitos e lendas sobre uma deusa e sua descida ao submundo. Por exemplo, Izanami, para os japoneses; Koré ou Perséfone, para os gregos; a Psiquê romana; as heroínas dos contos de fadas que buscam a Mãe Hulda, Baba Yaga ou a casa de biscoito de gengibre da bruxa, no conto de fadas João e Maria. O mito mais antigo que se conhece com esse tema foi registrado em tabuletas de argila no terceiro milênio a.C. (embora provavelmente seja muito mais antigo e venha de um tempo anterior à escrita). Em geral, é intitulado "A Descida de Inanna", que era a rainha suméria do céu e da terra.[5] Há duas versões acadianas posteriores, baseadas nessa fonte, contendo variações e que conhecemos como "A Descida de Ishtar".[6]

No poema sumério, Inanna decide ir ao submundo: "do mais alto céu tirou seu coração e o colocou no mais fundo chão da terra";[7] "abandonou o céu, abandonou a terra e desceu ao mundo dos mortos".[8] A título de precaução, instruiu sua fiel assistente, Ninshubur, a pedir ajuda aos deuses paternos para que conseguissem libertá-la, caso não retornasse em três dias.

No primeiro portão do mundo dos mortos, Inanna é detida e deve se identificar. O guardião informa Ereshkigal, considerada como Senhora do Mundo Inferior ou "Rainha do Grande Abismo", que Inanna, "rainha do céu, do lugar onde nasce o sol",[9] pede para entrar na "terra sem volta" a fim de participar do funeral de Gugalana, marido de Ereshkigal. Esta fica furiosa e insiste que a deusa do mundo superior seja tratada conforme as leis e os costumes vigentes para todos que entram em seu reino: que venha "nua e humilhada".

O guardião obedece às ordens. A cada um dos sete portões, ele retira uma peça ou adorno do magnífico traje de Inanna. "Nua e toda encurvada", como os sumérios eram enterrados, Inanna é julgada por sete juízes. Ereshkigal a mata. O cadáver é pendurado em uma estaca onde se torna uma massa de carne verde e podre. Depois de três dias, como Inanna não reaparece, Ninshubur, sua assistente, coloca em prática suas instruções para convocar os deuses e o povo, ao som de tambores fúnebres e lamentações.

Ninshubur pede ajuda a Enlil, o deus supremo do céu e da terra, e a Nanna, o deus da Lua e pai de Inanna. Ambos se recusam a enfrentar os costumes implacáveis do mundo inferior. Por fim, Enki, deus da água e da sabedoria, atende o pedido de

Ninshubur e salva Inanna, usando dois pequenos pranteadores que cria com a terra sob sua unha. Despercebidos, esses dois seres se infiltram no mundo inferior, levando a comida e a água da vida que Enki lhes havia fornecido, e obtêm a soltura de Inanna ao se compadecer de Ereshkigal, que então está gemendo por causa dos mortos ou das dores do seu próprio trabalho de parto. Ela fica tão agradecida por essa mostra de empatia que por fim entrega o cadáver de Inanna. Quando recobra a vida, Inanna ouve que deverá providenciar um substituto para ficar em seu lugar. Cercada de demônios que irão capturar um bode expiatório para ela, regressa através dos sete portões e recupera as partes do seu traje.

O último trecho do mito diz respeito à busca por quem irá substituí-la. Inanna não designa ninguém que pranteou sua morte, mas por fim vai até seu consorte oficial, Dumuzi (mais tarde chamado Tamuz), que está confortavelmente instalado no próprio trono. Inanna olha para ele com o mesmo olhar mortífero que tinha recebido de Ereshkigal e os demônios se apoderam dele. Dumuzi foge com a ajuda de Utu, o deus do Sol e irmão de Inanna. Utu o transforma em uma serpente para que possa escapar. Em um poema correlato, Dumuzi sonha com a própria desgraça. Ele vai falar com a irmã, Geshtinanna, que o ajuda a interpretar seu sonho e insiste para que ele fuja. Quando a fuga se torna inútil, ela lhe dá guarida e por fim se oferece em sacrifício no lugar dele. Inanna decreta que ambos tenham o mesmo destino, passando cada qual metade do ano no mundo inferior. O poema final se encerra com as seguintes palavras:

Inanna colocou Dumuzi nas mãos do eterno.
Sagrada Ereshkigal! Louvada seja![10]

⊛ ⊛

Esse mito e as deusas Inanna, Ereshkigal e Geshtinanna me inspiram e orientam desde 1973, quando descobri a tradução desse material feita por Samuel Noah Kramer. Percebi que, ao me aproximar dessa narrativa tão antiga, criada em uma época em que a Grande Deusa ainda era predominante em nossa cultura, tornei-me capaz de resgatar uma parte da minha própria relação com os padrões arquetípicos do instinto e do espírito femininos.

Embora não tenha como saber ao certo o que essas histórias significavam para os sumérios, elas contêm um padrão cósmico, que é astronômico, sazonal, transformador e psicológico. Também têm servido como tela de projeção, na qual venho tentando discernir um modo de curar alguns dos meus traumas psicológicos pessoais, assim como os de amigas e colegas mulheres, e de mulheres que cresceram sem cuidados maternos e que atendo em terapia. Todas nós crescemos sob o patriarcado e enfrentamos problemas parecidos. O material clínico que apresentarei a seguir vem de sonhos e experiências que eu mesma tive, ou que foram narrados por amigas e mulheres que fazem análise comigo.

As filhas do patriarcado

É justamente a mulher com uma relação ruim com a mãe, aquela na qual o arquétipo do Self se constela primeiro, que costuma encontrar satisfação e realização por meio do pai ou do homem que ama. Essa mulher pode não sentir nenhuma relação com o mito de Deméter-Koré, porque "não consegue acreditar", como já foi dito, que "alguma mãe se apresentaria para lamentar sua falta ou para recebê-la" de novo, caso desaparecesse no fundo de uma fenda. Pode passar por uma intensa experiência na esfera contrassexual, mas carece do lastro de uma conexão ego-Self sólida. Certa paciente expressou essa questão logo no início de sua análise, quase como uma declaração de princípios:

> Insisto em ser cuidada por um homem. Uma mulher ter que fazer isso me deixa furiosa. O homem é o responsável pelo Universo. As mulheres vêm em segundo lugar. Detesto túneis, Kali, minha mãe e este corpo de mulher. Um homem é o que eu quero.

Quem disse isso foi uma moça que tinha vindo para terapia porque, embora fosse considerada uma aluna excelente, estava com dificuldade para escrever sua tese de doutorado.

O problema é que nós, que vivemos uma relação profundamente sofrida com o feminino, em geral temos uma *persona* de modo razoável bem-sucedida, uma boa imagem pública. Crescemos para ser as filhas dóceis, com frequência intelectuais, do patriarcado, com o que chamo de "ego-*animus*". Nós nos empenhamos para defender e praticar as virtudes e os ideais estéticos que o superego patriarcal nos apresentou, mas sentimos uma forte aversão por nós mesmas e um intenso sentimento de repugnância e fracasso pessoal, quando não logramos mitigar nem corresponder aos padrões de perfeição do superego.

Uma mulher, com mais de uma década de análise junguiana, me disse: "Passei anos tentando relativizar algo que nunca tive: um ego de verdade". De fato, ela só tem um ego-*animus*, não um ego próprio por meio do qual se relaciona com o inconsciente e com o mundo exterior. Sua identidade está baseada nas adaptações da *persona* ao que seu *animus* lhe diz que ela deve ser. Assim, ela se adapta e se revolta contra as projeções nas quais está emaranhada. Desse modo, praticamente não tem noção do núcleo de sua identidade pessoal, de seu valor feminino e de suas próprias verdades, pois o que o Ocidente valoriza nas mulheres tem sido definido com frequência apenas em relação ao masculino: a mãe e a esposa boa e provedora de atenções; a filha dócil, obediente e agradável; a parceira amistosa e encorajadora ou inteligente e realizada profissionalmente. Como muitas autoras feministas vêm dizendo há tempos, esse modelo coletivo (e o comportamento que desencadeia) é inadequado para se viver. Mutilamos, esvaziamos, silenciamos e nos enfurecemos, tentando comprimir nossa alma para que caiba no molde, do mesmo modo como por certo nossas avós deformaram o corpo, capazes de respirar fundo, usando espartilho em nome de um ideal.[11]

Também não nos sentimos vistas porque não há imagens vivas que reflitam nossa totalidade e nossa variedade. Mas onde buscar os símbolos que sugiram com todo o mistério e toda a potência do feminino, e sirvam de modelo para nossa vida pessoal? As deusas gregas posteriores e Maria, a mãe virgem e mediadora, não me tocaram tão fundo quanto Inanna-Ereshkigal, Kali e Ísis.[12] A imagem da deusa como Self precisa ter a coerência de um corpo completo. Por isso, tive de considerar as divindades gregas como aspectos parciais de um padrão de totalidade, e sempre buscar os poderes mais sombrios, ocultos nessas histórias: a versão Górgona de Atena, o submundo de Afrodite Urânia, a Deméter Negra etc.

Mesmo nos contos sobre Inanna e em outras narrativas sumérias, semíticas e egípcias, há evidências de que a potência original do feminino foi "rebaixada". Como Kramer nos informa, as deusas "de posição mais elevada no panteão sumério foram gradualmente obrigadas a perder posição por teólogos homens" e "o poder dessas divindades femininas foi atribuído a divindades masculinas".[13] Isso permitiu que surgisse e crescesse a consciência apolínea, cerebral e intelectual, do hemisfério esquerdo do cérebro, com suas discriminações éticas e conceituais.[14]

Tal processo significou que a divindade criadora original foi diferenciada e desmembrada em aspectos diversos. Na Suméria, Namu, a deusa do mar, deu à luz várias divindades, e a terra foi separada do céu, assim como "Ereshkigal foi levada para *kur* [termo que significa "mundo dos mortos", "submundo", "deserto", "selva", algum lugar desolado e remoto] a título de prêmio".[15] Já na antiga Suméria (e embora a deusa da narrativa fosse mulher), na época dos contos escritos, ocorreu uma divisão arquetípica e a perda da potência do arquétipo da deusa. A Grande Deusa tinha sido dividida em vários aspectos, incluindo o mundo inferior e o mundo superior. Disso surgiu a necessidade de atravessar as duas regiões a fim de recuperar a noção de uma totalidade criativa e de compreender a interação rítmica da vida. Inanna, a rainha do céu, talvez tenha sido a primeira iniciada, registrada por escrito, a experimentar essa sofrida jornada.

Quatro perspectivas sobre mitos

A descida de Inanna até Ereshkigal e o retorno desse seu encontro podem ser vistos por ao menos quatro perspectivas. Em primeiro lugar, esse mito serve como imagem descritiva da ordem rítmica natural: a vegetação é sazonal, os estoques de víveres aumentam e diminuem,[16] os grãos e a uva são transformados pela fermentação, ocorrem as alternâncias do planeta Inanna (nossa Vênus). Esse planeta permanece no céu como a estrela vespertina ou matutina, respectivamente por 250 e 236 dias. Depois, parece descer abaixo da linha do horizonte, quando desaparece na frente do Sol ou atrás dele por um tempo, antes de surgir do outro lado da noite.

Em segundo lugar, trata-se da história de um processo de iniciação nos mistérios. Existe um portão de entrada e de saída do mundo inferior, mais tarde chamado de Porta de Inanna-Ishtar. Os que empreendiam a jornada para se tornar conscientes do submundo eram aconselhados a cruzar essa porta.[17] Desse modo, o caminho de Inanna e suas etapas pode representar um paradigma para a descida até o abismo da deusa sombria e o retorno desse descenso, uma jornada que enriquece a vida. Inanna nos indica o caminho e é a primeira a se sacrificar pela sabedoria feminina profunda e pela expiação. Ela desce, se sujeita e morre. Essa abertura a se sujeitar é a essência da experiência da alma humana diante do transpessoal,[18] não baseada na passividade, mas na propensão a receber.

O processo de iniciação nas tradições ocidentais esotéricas e místicas diz respeito a explorar modos diferentes de consciência e a redescobrir a experiência da união com a natureza e o cosmos, inevitavelmente perdida durante o desenvolvimento voltado a um objetivo. Para quem é destinado a ela, essa necessidade nos obriga a ir fundo na busca de recuperar modos de consciência diferentes do intelectual, os níveis do "processo secundário" que o Ocidente aprimorou tão bem. Essa busca nos impele rumo à dimensão mágica, plena de afetos, e à profundidade arquetípica, corporificada, extática e transformadora. Esse nível de profundidade pré-verbal, em geral anterior a imagens, é capaz de nos subjugar e abalar até a medula.

Nessa profundidade, captamos a noção de um poder cósmico unido. Aí somos mobilizados e ensinados, pela intensidade de nossos afetos, que existe um processo vivo de equilíbrio. Nesse nível, o ego consciente é subjugado pela paixão e por imagens numinosas. E, apesar de abalados e até mesmo destruídos em nossa ideia de quem somos, voltamos a nos recompor em um novo padrão e devolvidos à vida comum. Essa jornada é o objetivo dos mistérios de iniciação e do trabalho da magia no plano astral, assim como é o propósito da regressão terapêutica (tanto para homens como mulheres). A necessidade dessa jornada alimenta o interesse atual pela psicologia da criatividade e pelos estágios iniciais, pré-edipianos, do desenvolvimento humano e suas patologias.

Entrar em sintonia com esses níveis de consciência implica o sacrifício dos aspectos do Self conectados com o mundo superior, em detrimento dos aspectos sombrios, diferentes ou em estados alterados. Significa o sacrifício em prol das bases reprimidas e indiferenciadas do ser, na esperança de alcançar o renascimento com uma percepção consciente mais profunda e ressonante. E significa regressar com essas ressonâncias, adicionando-as à consciência mental-cerebral, comum no Ocidente, a fim de forjar o que Jean Gebser chama de "consciência integral"[19]. Desse ponto de vista, a história da descida de Inanna revela um ritual de iniciação diretamente relevante para a experiência feminina dos dias de hoje.

Por consequência, esse mito também é a descrição de um padrão de saúde psicológica para o feminino, tanto de mulheres como de homens, ao servir de modelo para o ritmo de encarnação-ascensão da alma saudável, e também para um processo que promove a cura. Jung diz que "a alma 'vem das estrelas' e retorna às regiões estelares".[20] Como veremos, a descida de Inanna pode ser vista como a corporificação de forças cósmicas e incontidas em uma carne sujeita ao tempo e à decadência, mas também é uma descida com o propósito de resgatar valores reprimidos há muito tempo e de unir em um novo padrão o que está acima e o que está abaixo.

Muitas vezes me dei conta de que era orientada por esse mito durante processos profundos de análise, pois a narrativa mostra – por analogia – como o ideal consciente da personalidade, aquilo que poderíamos chamar de ideal de ego ou de ego-*animus* hipertrofiado e dominado pelo superego, quando foi ferido ao ser dissociado de suas raízes pela desvalorização da matéria e do feminino, pode se aproximar das forças sombrias da realidade terrena e do inconsciente. Lentamente descarta camadas de defesa e identificações da *persona*, em uma regressão controlada aos níveis iniciais do processo primário em que nos aguardam a morte dos padrões inadequados e o nascimento de um ego autêntico, validado e equilibrado. Esse mito também nos mostra como os níveis sombrios e reprimidos podem ser trazidos à tona, e como podem adentrar a vida consciente, por meio de rebeliões emocionais e lutos, para mudar radicalmente os padrões energéticos conscientes.

Por fim, nestes tempos de perigo em que vivemos, essa narrativa pode sugerir uma diretriz conforme os poderes da deusa retornam à cultura ocidental. O regresso de Inanna, que volta do submundo, foi inicialmente demoníaco (ainda que tivesse devolvido a fertilidade da terra, antes estéril dada a ausência da deusa), mas por fim, no meu entendimento, engendrou um novo modelo de relacionamento igualitário e de companheirismo entre a mulher e o homem (ver Capítulo 9).

Nosso planeta está atravessando uma fase – o retorno da deusa – prevista no início do patriarcado, nesse mito. Sua ênfase então recaía sobre a descida da deusa, sobre a perda de suas energias e de seus símbolos para a cultura, e a subsequente recuperação do poder simbolizado por Ereshkigal. Em nossa era, é possível avaliar toda essa *circulatio*, depois que mais e mais elementos do feminino foram reprimidos e mantidos no mundo sombrio por um tempo longo demais.

II

Acima e Abaixo: Atributos do Feminino

A deusa Inanna

A deusa Inanna (cujo nome semítico é Ishtar) oferece uma imagem simbólica multifacetada do feminino, um padrão de totalidade que vai além do meramente maternal. As outras deusas sumérias eram a grande mãe do mar e a grande mãe da terra. Na medida em que Inanna incorpora o símbolo do duplo machado em seu culto, ela combina céu e terra, matéria e espírito, bojo e luz, a recompensa terrestre e a orientação celestial. Originalmente, talvez tenha sido associada aos grãos e ao celeiro comunitário como recipiente, como aquela que recebe e guarda os grãos, os animais de criação e as tâmaras. Entre seus emblemas mais antigos estão esse celeiro e um laço de pano ou um feixe, talvez feito de hastes de junco, para vedar o depósito, e o deus das tâmaras era um de seus noivos divinos mais antigos.[21] Assim, tal como Deméter e Ceriddwen, Inanna é um *numen* [presença divina] da fertilidade impessoal.[22] Há uma canção em que ela verte grãos e legumes de seu útero.[23]

Desde o princípio, ela também é uma deusa dos céus, marcada em selos e vasos antigos como uma estrela. Como deusa das chuvas amenas e das tempestades e inundações terríveis, assim como do céu nublado (as nuvens eram vistas como seus seios), ela é chamada de "rainha do céu" e considerada esposa de An, o deus ancestral do céu. Desde os tempos mais remotos, Inanna também é a deusa da manhã radiante e errática, despertando a vida e levando-a ao descanso, governante das terras fronteiriças, acolhendo ou expulsando seu irmão, o deus do Sol, e seu pai, o deus da Lua. Inanna representa as regiões limiares, intermediárias, e as energias que não podem ser contidas, nem certificadas ou asseguradas. Ela não é o feminino como noite; em vez disso, simboliza a consciência da transição e das fronteiras, os lugares de intersecção e cruzamento que implicam criatividade, mudança e todas as alegrias e dúvidas que correspondem à consciência humana flexível, lúdica, que nunca tem certeza por muito tempo.

Como estrela vespertina, é o centro das atenções no momento da Lua Nova para ouvir os pedidos dos deuses e ser celebrada com música, festejos e a encenação de lutas sangrentas. Inanna reivindicou o *me*, os princípios ordenadores, as potências, os talentos e os ritos do mundo superior civilizado. Em sua função de juiz, é o centro das atenções para "decretar o destino" e para "pisotear os desobedientes", simbolizando a capacidade do sentimento para avaliar, periodicamente e sempre de novo, acompanhando a percepção da vida como processo de mudanças.

Como rainha da terra e sua fertilidade, concede a condição de consorte real ao mortal escolhido para ser pastor do povo e lhe dá as boas-vindas em sua cama e em seu trono (feito a partir da árvore do mundo que Gilgamesh cortou no jardim de Inanna).[24] Ao consorte, ela oferece o trono, o cetro, um cajado, um gancho e a coroa, assim como a promessa de uma colheita farta e os prazeres de seu leito.

Porém, ela também é a deusa da guerra. A batalha é "a dança de Inanna" e, ao conceder a vitória, é "a aljava à mão... o coração da batalha... o braço dos guerreiros".[25] Mais passional do que Atena (com a energia do instinto selvagem que foi mais tarde atribuído à grega Ártemis), é descrita em um hino como "o poder que tudo devora ao atacar... como ataca a tempestade", com a "face medonha" e o "coração furioso".[26] Entregue a esse deleite, louva sua própria glória e destreza: "O céu é meu, a terra é minha. Sou uma guerreira. Há algum deus que possa me desafiar?"[27] "Os deuses são pardais; eu sou um falcão. Os Anunnaki [os deuses] andam em círculo. Eu sou uma magnífica vaca selvagem."[28] Há um mito que descreve Inanna lutando com o dragão de *kur* e matando-o. O animal que a acompanha é o leão e há sete deles puxando sua carruagem. Às vezes, em selos antigos, ela aparece acompanhada por um escorpião.

Igualmente passional, ela é a deusa do amor sexual. Em êxtase, Inanna entoa canções em que fala de se ataviar, do desejo que sente e dos prazeres de fazer amor. Ela chama seu consorte bem-amado de "meu homem de mel" que "me adoça por inteiro todas as vezes",[29] e o convida para o seu "colo sagrado" a fim de provar suas carícias vivificantes, assim como a doçura do sexo com ela no sagrado leito conjugal. Sendo mais extrovertida do que Afrodite, almeja e obtém, deseja e destrói, e depois lamenta perdas e compõe canções de luto. Não evoca internamente o desejo com muita frequência, mas expressa de maneira assertiva suas necessidades e celebra seu corpo em canções. *Sua receptividade é ativa.* Inanna declara que quer satisfazer o corpo, entoando louvores à sua vulva, e seduz Dumuzi para sua cama a fim de "lavrar sua vulva, meu homem amado".[30] Nesse sentido, é a deusa das cortesãs, chamadas prostitutas, "convidando homens que estão nas tabernas", quando desponta como estrela vespertina. No céu, é chamada de noiva e de hierodula (alta sacerdotisa e cortesã sagrada) dos deuses.

Também é curandeira, aquela que dá vida e compõe canções, às quais dá luz, criativa em todos os domínios. E a conduta das emoções é entendida como sua atribuição:

> Importunar, insultar, ridicularizar, profanar e venerar: eis o teu domínio, Inanna.
> Desânimo, calamidades, mágoas, e alegria e bom ânimo: eis o teu domínio, Inanna.
> Tremor, pavor, terror, e deslumbramento e glória: eis o teu domínio, Inanna...[31]

Os muitos poemas sobre Inanna descrevem-na como amorosa, ciumenta, pesarosa, feliz, tímida, exibicionista, rapinante, passional, ambiciosa, generosa, e assim por diante. À deusa corresponde toda a gama de afetos.

Inanna é descrita, com frequência, como "filha" dos deuses e "donzela". Inclusive, na época em que foram compostos os últimos hinos a seu respeito, ela – como Atena – é várias vezes vista como alguém "condicionada ao vínculo com o pai"[32], embora o poema insinue uma ligação próxima, pessoal e feliz com a mãe. Apesar de ter dois filhos, e os reis e o povo da Suméria serem tidos como seus descendentes, ela não é maternal no sentido em que usamos esse termo. Assim como a deusa Ártemis, ela está na "*região* limítrofe, a meio caminho entre a maternidade, a *joie de vivre* [alegria de viver] da virgindade e a sede de matar, fecundar e viver a animalidade".[33] É a quintessência da *puella* positiva: uma prostituta-virgem eternamente juvenil, dinâmica, implacável e sensual (como dirá Esther Harding, "uma em si mesma" ["*one-in-herself*"]). Nunca é a esposa acomodada e doméstica, nem a mãe conforme o patriarcado. Mantém sua independência e o magnetismo como amante, jovem recém-casada e viúva. Para os filhos, não é a mãe-amante. Para mim, esse papel e esse conceito parecem uma invenção do patriarcado e da era em que as mulheres eram desprovidas de sua potência e viviam seu potencial projetado nos descendentes homens, amados e invejados.[34]

Não obstante, apesar de seu poder como deusa da fertilidade, da ordem, da guerra, do amor, dos céus, da cura, das emoções e das canções; apesar de seus títulos como Senhora dos Mil Ofícios e Rainha, Inanna é uma nômade. Como Ereshkigal, foi espoliada por Enlil, a segunda geração do deus celestial. Suas raízes estão profundamente fincadas no estrato pré-patriarcal, mas, do ponto de vista do patriarcado, tendo Gilgamesh como porta-voz, Inanna-Ishtar é instável, não confiável, e a causa sabida de pesar para seus amados consortes.[35] Por isso, Gilgamesh, que originalmente lhe havia emprestado sua força humana para construir sua cama e seu trono como regente, volta-se contra ela, menosprezando e insultando a deusa da terra a fim de reivindicar o poder que ela detém. Há uma canção melancólica em que Inanna se lamenta para Enlil pela perda de sua casa:

> Eu, a mulher, que ele encheu de desânimo...
> Encheu a mim, a rainha do céu, de consternação...
> Eu, a mulher que delimitou as terras, diga-me onde está a minha casa,
> Diga-me onde está a cidade em que posso viver...
> Eu, que sou sua filha... a hierodula, que sou sua noiva, diga-me onde está minha casa...
> A ave tem seu ninho, mas eu... meus filhotes estão espalhados;
> Os peixes estão em águas calmas, mas meu local de descanso não existe;
> O cão se abaixa na soleira, mas eu não tenho soleira...[36]

Essa canção pode ter sido composta para lamentar alguma calamidade ocorrida em seu templo principal, em Erech. Além disso, porém, esse é um dos mais antigos e contundentes depoimentos que se conhecem sobre a condição da deusa e da mulher como exilada. Tal qual as futuras esposas de Israel na Babilônia, expulsas de casa pelo patriarcado,[37] até mesmo a grande deusa pré-babilônica conhece a expulsão e fala dela em canções. Na verdade, a busca de um lar é um dos temas oníricos recorrentes na etapa inicial da análise de mulheres modernas, filhas do patriarcado.

Inclusive, uma grande parte do que Inanna simbolizava para os sumérios tem sido alvo de exílio desde então. A maioria dos atributos que caracterizam a deusa do submundo foi dessacralizada no Ocidente ou assimilada por divindades masculinas, e/ou excessivamente compactadas ou idealizadas pelos códigos estéticos e morais do patriarcado. Assim é que a maioria das deusas gregas foi engolida pelo próprio pai. As deusas dos hebreus perderam sua potência. Restaram-nos deusas minimizadas ou particularizadas, e a maior parte do poder que detinham perdeu a ligação com a vida da mulher, com o erótico feminino encarnado, lúdico e passional; com o feminino poderoso, independente, regido por sua própria vontade; com o feminino ambicioso, multifacetado e régio.

Na esfera pessoal, a mulher tem vivido sobretudo na periferia da cultura ocidental, ocupando papéis estreitamente circunscritos, em geral subordinadas a homens, a uma posição social e aos filhos etc., encobrindo suas necessidades de poder e de paixão,[38] secundárias em relação a homens sobrecarregados nos quais a potência projetada é legítima do ponto de vista cultural. O que se tornou o comportamento coletivamente aceitável para mulheres perdeu sua conexão com o sagrado à medida que a plena dimensão da deusa foi diminuída. O superego patriarcal, antes necessário para inculcar a sensibilidade ética, a seguir fortalecido pela igreja cristã institucional para disciplinar as emoções tribais e selváticas do mundo medieval, tornou-se progressivamente hipertrofiado.[39] Desde o surgimento do utilitarismo e dos valores vitorianos, a energia vital tem sido a tal ponto reprimida e sufocada que agora deve irromper, forçando, entre outras coisas, o retorno da deusa à cultura ocidental.

Contraída, a alegria do feminino tem sido denegrida como mera frivolidade. A alegria do desejo carnal da mulher vem sendo depreciada como meretrício, ou então é sentimentalizada e maternalizada, uma vitalidade domada e canalizada para os deveres e para a obediência. Desse processo de desvalorização surgiram as filhas do patriarcado, desprovidas de suas próprias bases, com sua força feminina e sua paixão amputadas; com sonhos e ideais levados a céus inatingíveis, onde são mantidos grandiosos por um espírito que falseia os padrões instintivos, simbolizados pela rainha do céu e da terra. O mesmo processo também engendrou fúrias frustradas. Enquanto Inanna vive de modo inconsciente nas mulheres sujeitas à repressão patriarcal, ela também é muitas vezes demoníaca. A descrição que a atriz June Havoc faz das mulheres de sua família proporciona uma imagem da energia efervescente da deusa ao ser aprisionada e tornar-se azeda:

> Todas as mulheres da [nossa] família... tinham em comum um traço de ambição, força e uma amarga independência. Casavam-se cedo, divorciavam-se rapidamente e, no fim, sucumbiam ao álcool, às drogas ou à loucura. Queriam a liberdade total e, como não sabiam de que modo alcançá-la, sentiam-se medo-

nhamente frustradas. Para elas, os homens eram uma conveniência, e elas não tinham capacidade para usufruir do amor.[40]

Por outro lado, quando é vivida de maneira consciente, a deusa Inanna – em seu papel de feminino exilado e sofredor – funciona como imagem da divindade que talvez possa acolher o sofrimento e a redenção das mulheres modernas. Mais próxima de muitas de nós do que o Cristo da Igreja, Inanna sugere um padrão arquetípico capaz de conferir significado à busca das mulheres,[41] busca que pode suplantar o mito cristão para quem não consegue se relacionar com um deus masculino. O sofrimento de Inanna, seu desnudamento, ser humilhada, açoitada e morrer – as estações de sua descida –, sua "crucificação" na estaca do submundo e sua ressurreição são todos uma prefiguração da paixão de Cristo e talvez representem a primeira imagem arquetípica de que se tem conhecimento de uma divindade moribunda, cujo sacrifício redime a terra devastada. Inanna não se sacrificou pelos pecados da humanidade, mas pela necessidade de vida e renovação da terra. Ela dá mais importância à vida do que ao bem e ao mal. Não obstante, sua descida e seu retorno servem de modelo para nossa jornada psicológica e espiritual.

Ao contrário da história de Cristo na qual os atos destrutivos cometidos contra o salvador eram fruto apenas do medo e da maldade humana – e, com isso, capazes de configurar um padrão humano de vingança e atribuição da culpa a um bode expiatório –, no poema sumério se evidencia sua fonte transpessoal. A deusa tanto destrói como pode redimir, o que nos leva a estudar Ereshkigal, a "irmã" escura de Inanna.

Ereshkigal, a deusa escura

A outra grande deusa deste mito é Ereshkigal, rainha do submundo e dos mortos. Seu nome quer dizer "Senhora do Grande Lugar Abaixo", mas, antes de ser relegada ao *kur*, esse lugar desconhecido e fora da consciência patriarcal, ela era a deusa dos grãos e vivia em cima.[42] Desse modo, Ereshkigal simboliza o Grande Círculo da natureza: acima, os grãos e o crescimento; abaixo, as sementes, que morrem para germinar de novo. Para a consciência matriarcal, ela representa o *continuum* em que os diversos estados são simplesmente vividos como transformação de uma única energia. Para o patriarcado, a morte se torna um estupro da vida, uma violência a ser temida e controlada tanto quanto possível, com o uso da distância e da ordem moral.

Em um mito que descreve os eventos que levaram ao nascimento do deus da Lua, essas duas perspectivas são apresentadas lado a lado. No mundo superior, Ereshkigal, como deusa dos grãos, era chamada Ninlil e tida como esposa de Enlil, a segunda geração do deus do Sol. Ninlil foi repetidamente estuprada por seu marido, usando vários disfarces.[43] Em nome da jovem deusa, os deuses puniram Enlil pela violência que havia perpetrado contra ela e o enviaram ao mundo inferior. Movida pelo amor por seu consorte, Ninlil o seguiu nesse descenso e se tornou conhecida como

Ereshkigal. Enlil continuou aparecendo como o deus do Céu regente em cima, mas pode ter tido uma forma no mundo inferior. Assim como no mundo inferior Zeus era chamado Hades,[44] Enlil pode ser de igual modo o Gugalana do mito da Descida, marido de Ereshkigal, o Grande Touro do Céu que tinha sido abatido.

Do ponto de vista do patriarcado, o estupro da deusa define a regra masculina para governar a vida cultural consciente (e talvez também a agricultura), relegando o poder feminino e a fertilidade ao mundo inferior. Com isso, quando o deus An se apoderou do céu, Enlil foi expulso da Terra e a consciência teve espaço para crescer, então "Ereshkigal foi capturada pelo Grande Inferior como prêmio".[45] Porém, do ponto de vista da consciência mágica matriarcal, a deusa não é um prêmio a ser recebido da vida, assim como a morte não é um estupro nem a destruição da vida, mas uma transformação em que, tal como os grãos para quem os colhe, a deusa se rende de bom grado, governando todo o processo.[46]

O poema que descreve a descida de Inanna diz que do primeiro estupro sofrido por Ninlil-Ereshkigal foi gerado Nanna-Sin, o deus da Lua, nascido no submundo. Ele traz as trevas à luz e mede o tempo com seus ciclos de crescimento e diminuição. De fato, Nanna-Sin é o pai de Inanna (e pai do deus do Sol também). Assim, sua mãe, Ninlil-Ereshkigal, é avó de Inanna na genealogia – um aspecto feminino primordial e ilimitado que foi estuprado e amputado, mas que ainda frutifica. Ereshkigal tornou-se um símbolo da morte temida pelo patriarcado e foi banida para o mundo sombrio. Apesar disso, o corpo do poema relembra a potência arcaica da deusa e as últimas linhas falam da doçura de conhecê-la como símbolo do Grande Círculo.[47]

Atributos de Ereshkigal

Paradoxo

Diz-se que os outros estupros engendraram monstros. O Grande Círculo produz uma diversidade caótica, monstruosa, da perspectiva do mundo patriarcal e heroico com sua ênfase na ordem racional e no controle. Ereshkigal desafia a consciência diferenciada. Ela é paradoxal, tanto o recipiente como a estaca; a origem de tudo, onde a energia está inerte e a consciência, enrodilhada, está adormecida. Ela é o lugar em que a vida em potencial se encontra imóvel, mas sofrendo as dores do parto; mesmo aquém de toda a linguagem e suas distinções, continua julgando e agindo. Ela é a energia que se autoexila no submundo, tremenda demais para ser contemplada, como as experiências primordiais da infância e a escuridão da Lua, lugares de esquecimento, que são um terreno perigoso por onde transita a consciência diurna, a matriz primordial. Ela contém a sabedoria desse isolamento e dessa amargura. É quem tudo recebe, e também a adversária e inevitável vitoriosa no embate com a morte. O mito mostra que é suscetível a iniciativas vindas de cima, embora governe a Terra Sem Regresso, reino de tudo que se desenrola abaixo do horizonte da consciência.

O estupro que sofre sugere analogias com a história de Perséfone, mas sua imagem mostra a potência anterior paradoxal, em sua forma bruta, e há nela muito da Górgona e da Deméter Negra, em seu poder aterrorizante, com as sanguessugas na cabeça, os olhos terríveis que congelam a vida, e sua íntima conexão com o destino e o não ser. Ela detém e encarna as regras do submundo quando se reúne com seus sete juízes[48] a fim de receber quem quer que venha a ela, atravessando os sete portões de sua casa lápis-lazúli. Em outros mitos, seu consorte é Ninazu (deus da cura) ou Nergal (deus das pragas, da guerra e da morte).[49]

Afeto primordial

No poema da Descida, Ereshkigal é descrita primeiro como enfurecida porque Inanna invadiu seus domínios; depois, como ativamente destrutiva; em terceiro lugar, como alguém que sofre; por fim, como criatura grata e generosa. Quando está com raiva, seu rosto fica amarelo, seus lábios se tornam pretos[50], ela golpeia a coxa e se morde.[51] Está preocupada que Inanna insufle os ânimos de seus serviçais, os mortos, e assim a prive de pão e cerveja, fazendo com que coma terra e beba água, como fazem os mortos.[52] Aqui existe um atributo de ira primordial. Ereshkigal está tomada pela ira, pela cobiça, pelo medo da perda e até pelo desprezo por si mesma. Simboliza a instintividade crua, cindida da consciência; a necessidade e a agressividade no mundo sombrio. E envia o guardião da porta para deter a invasora: um homem para defendê-la.

Essas imagens sugerem que fúrias caóticas e defensivas, como a ira, a cobiça e até extravasar o *animus*, são aspectos inevitáveis do submundo arquetípico. São modos de o inconsciente reagir a visitantes que não são bem-vindos. Vemos como entram em ação quando um complexo é provocado, pois o inconsciente tem defesas próprias poderosas. Segundo o mito, fazem parte da Grande Deusa; sentimos essas energias inconscientes, compulsivas, agindo para subjugar o ego. Quando a personalidade consciente é convidada a enfrentar esses afetos, o ego bloqueia, sente-se constrangido, teme ser dilacerado por uma força superior, e em geral recua e se refugia na ansiedade ou no alheamento, mantendo-se suspenso da vida. É nesses momentos que as energias precisam ser reverenciadas e vistas como aspectos da deusa que podem ser atendidos e conscientemente autorizados a entrar na vida.

Energia

Do ponto de vista do que acontece com Inanna no submundo, podemos ver que as forças que Ereshkigal simboliza estão ligadas não apenas a uma destruição ativa, mas também à transformação por meio daqueles lentos processos orgânicos, célula a célula – como os da decadência e da gestação –, que agem sobre o receptáculo passivo e emperrado, inclusive de modo invasivo e contra a vontade da pessoa. Essas forças impessoais devoram e destroem, incubam e dão à luz, com uma impiedade implacável. (Até mesmo a gravidez pode ser vivida desse modo.) Aqui, atuam em Inanna, reduzindo-a ao estado primordial da própria matéria animal inerte, matéria que, não obstante, passa por mudanças em passiva submissão ao que é dado. Ela apodrece. Em termos psicológicos, a força de Ereshkigal costuma ser percebida como negativa, do ponto de vista da consciência ativa, abstrata, patriarcal, do Logos. É então que essas forças provocam o caos ou um vácuo sem esperanças, vazio, fragmentador, entorpecido, estéril.

Os domínios de Ereshkigal, quando ali estamos, parecem ilimitados, irracionais, primordiais, totalmente indiferentes ao indivíduo e até destrutivos em relação a ele. Contêm uma energia que começamos a conhecer por meio do estudo dos buracos negros e da desintegração dos elementos, assim como por meio dos processos da fermentação, do câncer, da decadência e das atividades cerebrais inferiores que regulam os movimentos peristálticos, a menstruação, a gestação e outras formas da vida corporal às quais temos de nos submeter. Esse é o lado destruidor e transformador da vontade cósmica. Ereshkigal é como Kali que, com o tempo e por meio do sofrimento, "dissolve sem piedade... todas as distinções... em seu fogo que anula as discriminações",[53] ainda que conceba uma nova vida e a traga à luz. Ereshkigal simboliza o abismo que é a fonte e o fim, o chão de todos os seres.

Matéria

As energias de Ereshkigal também estão relacionadas com a aparente estase e com a matéria sólida, unida e coagulada, como princípio cósmico. Elas são as forças elementares, retentivas, conservadoras, enraizadoras, intimamente associadas ao chakra *muladhara*, e ao instinto de sobrevivência, com seu foco na constância e na segurança básicas.[54] Nesse âmbito, a energia "está adormecida... estática... na matéria sólida" como inércia,[55] nas mais baixas vibrações da energia cósmica.

A aparente estase sugere a possibilidade de uma imersão purificadora nas trevas do desconhecido, mas também sugere a dissolução e a lentidão, que demandam grande paciência por parte de quem entra. Os domínios de Ereshkigal representam a única certeza da vida: a de que todos morremos. No entanto, justamente devido a essa certeza, ela é uma manifestação do sumamente desconhecido, do outro, na qual a consciência da vida ativa jaz adormecida. Mal estamos conscientes quando há tão pouco movimento que desperte nossos sentidos. Ficamos reduzidas ao lado sombrio da intuição, ao sentido do olfato regido pelo *muladhara*, que nos orienta rumo aos potenciais infinitos e imortais, inerentes ao momento recebido passivamente, embora corporificado e transitório. Aqui existe tanto inércia como uma fonte elementar de cura. Esse é o lugar de sobrevivência, do começo sólido da terra e da rocha. É o lugar do Self *in status nascendi* – a joia oculta na matéria – e também do fim, quando a atividade retorna ao repouso e à morte.

Legitimidade natural

O vizir de Ereshkigal se chama Namtar, "destino". O reino dessa deusa tem suas próprias leis perante as quais se curvam os deuses celestiais da Suméria. Trata-se da "lei do Grande Abaixo", da lei da realidade – as coisas como elas são –, a lei natural que é anterior à ética, muitas vezes temível e sempre precedendo os julgamentos patriarcais do superego e muitas vezes o julgamento do que desejaríamos.

Uma mulher de meia-idade que veio para terapia, tendo vivido com um ego-*animus* competente e ativo até os filhos saírem de casa, trazia como sintoma físico uma colite grave. Ela escreveu sobre seu "retorno à origem por baixo de todos os artifícios e controles" nos seguintes termos:

> Cresci segundo o que agora vejo que é uma falsa lei: existe outra. A verdadeira lei é engolir, respirar e evacuar, todos os processos do corpo. Não existe certo ou errado; existe apenas o que é. Não existe bom ou mau, só o que é necessário. É uma ordem divina que descubro em meu próprio corpo. Não uma ordem imposta, mas uma permissão. Os equilíbrios de poder mudam constantemente, mas se formam por si mesmos, se eu puder esperar. Porém, é um equilíbrio com tensão, não um equilíbrio morto. Inclusive existe uma ordem neste processo analítico caótico, nas minhas raivas, até na depressão. Um tipo diferente de lei, de tempo e de sofrimento.

Essa mulher tinha sido treinada a evacuar em sua primeira semana de vida, mediante o uso constante de supositórios. Ao término da terapia, ela disse "ver que foi um processo que começou com uma colite e me levou a ser uma competente fazedora de cocô". A iniciação dessa paciente no nível tântrico anal do *muladhara* e na deusa escura foi um processo profundo que me ensinou muito.

A experiência analítica de Ereshkigal

Esse substrato yin básico de fundo é uma constante, e muitas filhas do pai negativo[56] têm pouca ou nenhuma ligação com ele. Às vezes, um momento de terror o evoca de maneira negativa, como quando certa paciente com pneumonia sentiu que seu peito se enchia de terra, ou quando outra, tomada pelo medo, recolheu sua alma tão profundamente dentro de si que se sentiu somente uma pedra, intocável e desolada. O trabalho com imagens recuperou a sensação do potencial corporificado da vida, oculto no estado paralisado e estático. Por trás do congelamento da primeira paciente, estava a quentura da terra e a lenta paciência de se voltar para o seu corpo físico a fim de se curar. Quando a segunda mulher pôde olhar mais além da pedra, estava a vida sagrada, atemporal e frágil dos desertos que ela amava e da cultura do *pueblo* que valoriza e aguenta a natureza, inclusive as pedras.

Quando não são reverenciadas, as forças de Ereshkigal são vividas como depressão[57] e como uma agonia abissal de impotência e futilidade – o desejo inaceitável e a energia destrutivo-transformadora, a inaceitável autonomia (a necessidade de autoafirmação e de se manter separada) cindida, voltada para dentro e capaz de devorar o senso individual de valor e da potência da própria vontade. Inadvertidamente, a mulher que sofre Ereshkigal colocou seu superego *animus* negativo em primeiro lugar e foi dominada. Está desconectada de seus afetos primordiais; perdeu a consciência deles. Mesmo assim, cai facilmente no mundo sombrio como se em um redemoinho, ou então segue o homem amado com tendências psicopatas ou psicóticas, que é capaz de levá-la para o que há de mais profundo. Ou busca compulsivamente o submundo, escondendo-se da vida, em geral viciada em vários modos de abafar as dores do fluxo de mudanças que são excessivas para sua fragmentada capacidade. Ela também pode se identificar de maneira inconsciente com o que a cultura rejeita como ineficaz e inferior, forçando-a a se introverter por meio de uma noção negativa de sua singularidade.[58]

Quando se identifica com Ereshkigal, a mulher pode se sentir empacada em uma estase atemporal, incapaz de dar um passo, sentindo o desespero sombrio e o vazio de quem foi estuprada pelo *animus*.[59] Essa mulher pode estar identificada com a deusa como a grande goela que engole de volta toda a vida, sentindo-se faminta e ávida. Muitas vezes, padece de sintomas somáticos e de perturbações relativas aos órgãos abdominais, à digestão ou a processos celulares de desintegração.

Oferece um grande consolo saber de qual altar se acercar quando deparamos com um estado desses, mas Ereshkigal não quer ser cultuada da maneira usual. Como outros deuses ctônicos, elementares, que recebiam holocaustos em sacrifício,[60] ela exige a morte, a destruição completa das diferenciações e da percepção da individualidade, e uma transformação total. Demanda uma empatia terrível, que se renda a ela, sirva-a e se lamurie com ela. No nível mágico-arcaico da consciência, suas vítimas se entregam de bom grado, devolvidas à sua goela. (E os sumérios pensavam que lhe dar atenção direta e fazer oferendas detinha a mão da mais malévola das divindades.)[61] Para nós, contudo, servir a esse poder e reverenciá-lo em seus ritmos impessoais e em sua destruição parece tão monstruoso quanto seus filhos. Com isso, muitas vezes negamos, nos enfurecemos, nos armamos e nos distanciamos, defendendo-nos do senso de uma rendição impotente à energia instintiva e impessoal da deusa, buscando abafar a humilhação do ego heroico ao ser tão rebaixado que somos forçados a enfrentar nossa pequenez primordial no cosmos. Não obstante, somente uma entrega consciente e deliberada pode transformar em vida esse lado venenoso da deusa escura. A morte da linda, ativa e diferenciada rainha do céu e a atitude dos pranteadores de Enki na história equilibram o aparente vazio de Ereshkigal e o preenchem.

Imagens oníricas da deusa abissal não são infrequentes durante as fases da análise em que o ideal de ego consciente deve sofrer mortificação e ser radicalmente transformado. Certa professora teve um pesadelo com um planeta negro que se aproximou dela quando devia dar aula, cuspindo vapores que fizeram sua mente erudita esvaziar. Ela se sentiu "completamente destruída, como se não restasse mais nada" em si. Uma executiva competente e elegante foi confrontada em um sonho com a imagem de uma "criatura repugnante e gorda, como a rainha dos cupins, que se contorcia devagar entre ondas de parto ou defecação". Ela ficou chocada ao ver algo "tão hediondo e bestial". Uma terceira mulher, começando a aceitar sua considerável capacidade intelectual e emocional, e que anteriormente havia se identificado como uma criança excêntrica e selvagem, teve o seguinte sonho:

Estou na plataforma do metrô, tentando recolher a embalagem de um hambúrguer de carne que tinha caído e esparramado no chão. Ali perto, uma mulher gigante, de vestido preto, fria, sádica, observa. Ela parece uma naja. Tem a face amoral da escuridão. Ela não pode fazer nada; não está interessada na vida, nem em ser agradável. É objetiva, eficiente, feita de terra sólida e não pode ser mais impiedosa.

Esse sonho pressagiava uma depressão em que seu ideal de ego grandioso era moído até virar a carne primordial, e ela se viu forçada a aceitar a força calma e anteriormente temida da sombra positiva. Lentamente, assumiu uma nova carreira profissional e saiu de um relacionamento pessoal insatisfatório. Mais tarde, sonhou que a mulher sombria tinha se mudado para o quarto de sua empregada doméstica, substituindo a mulher agradável e caseira, mas ineficaz.

Muitas vezes, esse aspecto do feminino que está no submundo é visto na análise quando as mulheres *puella*, identificadas com o *animus*, descem até o nível que o *animus* idealista chamou de maligno, doentio, repugnante ou detestável. A regressão ou a introversão com frequência é tão lenta e profunda que pode se tornar uma depressão severa, que lembra a morte e pode ser muito assustadora, se não há um esclarecimento quanto ao seu significado e ao seu padrão arquetípicos. Uma mulher, anteriormente ativa, descreveu esse processo em seu diário nos seguintes termos:

Uma lenta decadência de todas as obrigações, o falecimento dos invólucros da minha vida, que dá a sensação de apodrecer.

> Tenho tido de aceitar essa lentidão e a destruição de tudo que achei que era eu. Sempre existe o medo de que, quando eu sacrificar o antigo eu, social e competente, estarei morta. No entanto, neste lugar deprimido onde tenho sentido inércia no abraço da matéria absoluta, como cimento me prendendo, tem havido uma liberação de energia. É algo tão profundo que perco a noção do tempo. Só sei que minhas unhas cresceram e precisam ser cortadas de novo. É chegar a tudo devagar e vindo de baixo, não de algo humano e morno, mas desapegado. Ideias de baixo sobre significar e não significar.

Outra mulher disse:

> Tenho estado tão para baixo que dá nojo, como carne mofada. Nunca me deixei ser tão passiva e cheia de coisas nojentas, mas nem me sinto mais envergonhada. É uma revelação saber que eu não me importo; e daí? Parece muito frio, mas tem uma força que pode receber e aceitar qualquer coisa, até a dor. Portanto, agora me sinto à vontade no Universo. Equilibra um lugar de que senti medo a minha vida inteira, a ferocidade da minha mãe e o meu medo e ódio de tocar o pênis de um homem. Precisei me curar ali antes de poder me relacionar, sem ser detonada ou ficar inconsciente.

Quando estamos reduzidas ao abismo da dor entorpecida e da depressão, à ausência do tempo, ao caos pré-verbal e à emocionalidade – a tudo que chamamos de horrível ou infantil e que associamos com as dimensões arcaicas da consciência –, podemos saber que a deusa a quem devemos servir e reverenciar é Ereshkigal. O contato com ela enraíza a mulher. Consolida a potência feminina para que confronte o patriarcado e o masculino em pé de igualdade.

A rejeição de Ereshkigal pelo patriarcado

A consciência patriarcal cindiu e expulsou essa deusa, estuprou-a e relegou-a ao submundo. Somos incentivados a não olhar perto demais para essa faceta destrutiva e tremenda da deusa natureza.[62] Ela foi removida da nossa consciência e habita no fundo do inconsciente. Em sua forma terrível, Ereshkigal nunca ascende. Quando os deuses dão uma festa, pedem que ela envie alguém para vir buscar sua comida.[63] Entretanto, ela não é antagônica ao masculino. É rodeada por juízes masculinos; seus consortes e seus servos são homens; além disso, ela dá à luz dois filhos homens. Facilmente se livra da raiva por Nergal, que foi descortês com o emissário que ela enviou. Quando ele reconhece que "era amor que você queria de mim há vários meses e até agora", ela lhe oferece matrimônio e o governo do submundo, o que ele aceita.[64]

Ao contrário de grande parte do que tem sido escrito, este mito indica que ter consciência das camadas profundas da psique não é ser adversário da consciência patriarcal heroica ou dos deuses do céu. As forças e as modalidades do Grande Círculo não querem governar os modos hierárquicos do Logos, direcionados pelo progresso, e nem resistir a eles. Porém, cobram reverência e respeito. Ereshkigal se enfurece quando não é tratada com respeito. É orgulhosa, mas não monta uma ofensiva, nem transgride os próprios limites. Simplesmente requer reconhecimento como um poder equivalente, tão válido e importante quanto o Grande Acima, o que Nergal enfim compreendeu quando a confrontou.

Em vez disso, é o medo defensivo, inerente à consciência heroica e hierárquica, que advém do fluxo de mudanças e dos próprios impulsos "infantis" cindidos. Quando os projeta na mãe, esse medo a vê como inimiga[65] e se recusa a reconhecer o tipo de sabedoria que é próprio a ela e tão necessário à vida quanto o seu. Ele se desvia da própria fonte, pois Ereshkigal é mãe da lua noturna tanto quanto de monstros, além de avó do sol e das estrelas. De seu útero nascem as luzes do céu e brotam as pragas e a morte. Ela é a fonte da consciência trazida pelas luzes configuradoras do céu e pelos medos e dores mortais.

Mais próxima da realidade psíquica do que a visão da consciência patriarcal hierárquica que deprecia Ereshkigal é a noção tântrica segundo a qual cada chakra contém sua própria forma de percepção e consciência, cada um fornecendo uma perspectiva diferente, todos eles sendo facetas bem-vindas de uma consciência cósmica, vibrando juntas em harmonia no indivíduo idealmente desperto. No entanto, estamos apenas engatinhando rumo à compreensão dessa capacidade de ter uma consciência autêntica e multivalente.[66]

A objetividade dos olhos da morte

Em Ereshkigal há afetos, energia e leis. Também existem seus olhos da morte. Inanna é morta e transformada em carne por Ereshkigal, em uma ação descrita no poema com um temor arrepiante:

> A sagrada Ereshkigal, sentada em seu trono...
> Fixou seus olhos sobre ela [Inanna], seus olhos da morte,
> Disse contra ela a palavra, a palavra da ira,
> Pronunciou contra ela a acusação, a acusação de culpa,
> Golpeou-a, transformou-a em cadáver,
> O cadáver foi pendurado em um prego.[67]

Às vezes, na poesia suméria, a expressão "olhos da vida" é usada para indicar o ver que é pleno de amor e outorga vitalidade. O foco em descrever o poder do olhar traz à mente as primeiras imagens da Deusa Olho, a deusa egípcia como olho, e relembra a vital importância dos olhos da mãe para o bebê que amamenta. Quando as crianças começam a desenhar um rosto, os únicos traços que incluem são os da visão. Em esculturas sumérias e babilônicas, os olhos dos deuses e de seus adoradores são aumentados e transformados em discos quase hipnóticos, que miram fixamente, para traduzir seu poder solene como sede da alma.

Nesse poema, os olhos de Ereshkigal estão associados com a palavra, o afeto, o julgamento da consciência e um assassinato. São os olhos da morte, impiedosos, pessoalmente indiferentes. Para o ser humano paralisado pelo medo, desprovido da noção do processo e do paradoxo, os olhos podem ser a mirada hostil que paralisa a vida, como o ódio-inveja de uma mãe que faz o filho definhar e dá fim a todos os inícios, o sadismo e a ira arquetípicos, em estado bruto. Ou podem ser os olhos da depressão, para os quais "tudo parece morto". Podem ser os olhos que transfixam a vida, a projeção dos nossos sentimentos humanos de medo ou raiva, capturando um momento ou uma imagem que a torna concreta e estática. Esses olhos traduzem a psicose; são vistos em indivíduos em um estado psicótico, no qual está perdida a capacidade de enxergar os fragmentos fortemente unidos dos processos da vida e do espírito, em que essa moldura estática é inseparável como um fato parcial.

Portanto, podem ser os olhos que perdem a noção do todo maior. Ou que podem sugerir a capacidade de serem objetivos, de não se vincularem ao outro, que é a vida – e a autoafirmação em seu nível básico e demoníaco –, e não ao que gostamos de pensar que é o feminino em nossa cultura. Escrevendo sobre o chakra *muladhara*, Jung nos recorda o valor do aspecto negativo do Self. Existe um "aspecto do ódio... [que] seria descrito em termos filosóficos ocidentais como ânsia ou instinto de individuação",[68] pois sua função é destruir a *participation mystique*, separando e isolando o indivíduo que anteriormente tinha vivido uma fusão com seus entes queridos, idênticos a ele.

No poema, Inanna, despida, enxerga sua própria profundidade misteriosa – Ereshkigal –, que a encara de volta. Então, ela tem uma experiência plena e imediata de si como mundo sombrio. Esse momento de nudez é como a quinta cena na Vila dos

Mistérios, quando o fauno, olhando para a vasilha-espelho, vê refletida a máscara do Dionísio terrível como senhor do submundo. Para a deusa da vida ativa e do amor, é o momento do confronto consigo mesma.[69]

Uma mulher teve este sonho: "Recebo nas mãos o veneno do mundo. No rótulo está escrito 'indiferença'". Ela estava sofrendo com o que lhe parecia a frieza do namorado. A imagem do sonho lhe mostrou que, em vez disso, era e é a frieza da natureza. E ela mesma – identificada com a vítima que busca afiliações subservientes e se fundir com o parceiro, aplacando-o – deve beber o veneno para poder viver sua comunhão com a deusa.

Como arquétipo, os olhos da morte são implacáveis e profundos, enxergando o que há de imediato e considerando irrelevantes o fingimento, os ideais e até mesmo a individualidade e os relacionamentos. Também contêm e permitem o mistério de um modo de percepção radicalmente diferente e pré-cultural. Como os olhos nos crânios distribuídos pela casa de Baba Yaga, a bruxa e deusa russa da natureza,[70] eles percebem com a objetividade da própria natureza e dos nossos sonhos, perscrutando a alma em busca da verdade nua, a fim de enxergar a realidade subjacente a toda a miríade de suas formas, ilusões e das defesas que manifesta.

Anteriormente, a ciência ocidental aspirou alcançar essa visão, mas nós, humanos, não temos olhos tão objetivos. Podemos ver somente verdades limitadas, relativas e indeterminadas. Nós e nossa subjetividade somos parte da realidade que buscamos enxergar. Perante a mirada de Ereshkigal, porém, a realidade objetiva é desmascarada. É nada – "*neti, neti*", como se diz em sânscrito –, mas é tudo. É o lugar do paradoxo por trás do véu da Grande Deusa, e o templo da sabedoria. Esses olhos, que enxergam desde o abismo rígido que traga tudo de volta e o compõem, reduzem a *maya* lúdica e bailarina da deusa à matéria inerte e cessam a vida na Terra.

São esses os olhos que tornam óbvios os padrões e os ideais da consciência racional coletiva, tal como vemos nos limites linguísticos de "espaços presos em armadilhas conceituais"[71] que compõem o mundo das aparências diferenciadas. Esses olhos também trespassam e atingem a substância da própria realidade pré-verbal. Além disso, enxergam a verdade de padrões coletivos que falseiam a vida tal qual é. Desse modo, destroem a identificação com os ideais do *animus* e tornam possível uma percepção da realidade, sem as distorções e os preconceitos do superego. Isso significa ver não o que pode ser bom ou ruim, mas o que existe antes do julgamento, e é sempre confuso, cheio de afetos e percepções pré-verbais dos sentidos mais próximos (tato, olfato, paladar). Isso significa não dar importância ao se relacionar, principalmente, com o outro externo, nem com uma *gestalt* ou um imperativo coletivo. Ver desse modo – o que inicialmente é muito assustador porque não pode ser validado pelo coletivo – pode proporcionar o que a consciência logoica teme como puro caos, com as possibilidades de uma percepção totalmente nova, um novo padrão, uma perspectiva criativa, uma exploração interminável.

Ver desse modo é radical e inovador de uma maneira perigosa, mas não necessariamente mau, a menos que seja desequilibrado e, portanto, estático e parcial. Parece monstruoso e repulsivo, até petrificante aos não iniciados, na medida em que nos despe de nossas defesas e redunda em um sacrifício dos entendimentos coletivos superficiais e da esperança e da expectativa de causar boa impressão e estar salvo por pertencer. É um olhar tosco, caótico, surpreendente, que descortina o panorama do que há por baixo da ética e da estética dos opostos em si. É o olhar instintivo; é ter os olhos do espírito na natureza. É a visão que Ereshkigal, Kali e a Górgona trazem para a iniciada. É o significado da visão da terrível cabeça guardiã dos templos de Shiva.[72] É medonha e ao mesmo tempo permite uma percepção refinada da realidade para quem pode suportá-la. Essa é a sabedoria do feminino sombrio que Psiquê ainda não era capaz de sustentar, o conhecimento que levaria Afrodite – a Inanna grega – a se tornar linda e eterna. Psiquê o vislumbrou brevemente e perdeu a consciência, pois aqueles tempos ainda não estavam prontos para esse conhecimento. Agora, precisamos conhecer essa visão, pois já estamos trabalhando com suas energias sutis na astrofísica e na física atômica.

Do ponto de vista psicológico, esse modo de ver, esse conhecimento, implica que a destruição e a transformação em algo, inclusive radicalmente novo, fazem parte do ciclo da realidade.[73] Como disse uma mulher:

> Vejo que não se pode fazer nada sem magoar alguém, sem algum sacrifício, alguma dor ou traição; pelo menos, uma boa parte do tempo. Que tudo termina e começa em outro lugar. A inocência é impossível.

É difícil suportar esse conhecimento. Tentamos melhorar sua aparência, encobri-lo, evitá-lo, mas conhecer essa realidade básica permite à mulher desistir de tentar ser aprazível aos imperativos e aos ideais dos pais e do *animus*. É como chegar ao fundo do poço, onde essas demandas são irrelevantes. Esse saber relativiza todos os princípios e abre a mulher para os paradoxos envolvidos no convívio com o Self.

Uma mulher forçada a trazer à consciência essa visão sonhou com uma bela senhora com crânios pequeninos nas pupilas. Através desses olhos, a mulher viu um vasto céu noturno. Outra teve a visão de sua falecida avó cujos olhos tinham caído dentro da própria cabeça. Ela anotou o seguinte: "Esses olhos incluem tudo. Eles enxergam através do chão dos seres e conseguem aguentar essa objetividade. Eles querem dizer que a dor é inevitável. Não posso esconder".

Como analista, defendo essa visão quando falo da minha própria verdade nestes termos: "É assim que me sinto agora; é isso que eu vejo". É objetivo e é a discriminação válida para este meu momento. Mas, como uma broca, pode ferir quem é visto. E pode me separar da outra pessoa. Porém, quando perco a conexão com a solidez dessa aparente frieza, ou quando tento evitá-la sendo boa mãe ou boa filha, então meu ego perde o enraizamento e a frieza cai no inconsciente, e me alcança ou alcança o outro a partir do *animus*. Quando uma mulher em terapia projeta em mim essa visão pétrea, do *muladhara*, e temo ser vista com a mesma frieza e a valorizá-la como a objetividade transpessoal e feminina que temos em comum e à que dou valor como autodefesa, então eu a perco e ela pode se petrificar, tornar-se inconsciente com o medo. Sinto como se chegasse a mim como transferência negativa e quero vedar a ira da outra pessoa.

Esse olhar frio e objetivo – talvez o aspecto do hemisfério esquerdo do cérebro – é uma base da avaliação feminina. Ele não se deixa enganar por comportamentos responsáveis, nem por conquistas deliberadas, mas depara com fatos inelutáveis nesse processo, com a panóplia de vetores emocionais que dão vida a cada momento e que passam, enquanto outros se aglomeram no presente, deixando a pessoa à mercê do tempo e de processos sobre os quais tem pouco controle, mas em que é possível encontrar um enraizamento, se for possível reverenciar as mudanças em si e achar uma maneira própria de acompanhá-las. Essa visão é transpessoal e uma força que pode dar proteção. Por isso, Atena – a de olhos de coruja, *gorgopis* (de olhos brilhantes) – usava os olhos da Górgona no escudo. Nesse sentido, Inanna corporificou posteriormente os "olhos da morte".

III

Sofrer e Sustentar a Separação

Sofrer: o sofrimento inconsciente e o sofrimento consciente

No mito, o yin aparentemente frio da visão de Ereshkigal está em íntima relação com o yin sofredor. Inanna está suspensa, empalada, e Ereshkigal, deitada e nua, geme com as dores do parto ou da morte e é descrita da seguinte maneira.

> Como mãe que dá à luz, porque tem filhos,
> Ereshkigal está ali deitada, aflita [talvez em trabalho de parto].
> Sobre seu corpo sagrado nenhum pano se estende,
> Seu santo peito, como um recipiente *shagan*, não está [coberto][74]
> [suas garras, como um rastelo de cobre (?) estão em cima dela[75]]
> Seu cabelo, como sanguessugas, ela traz na cabeça.[76]

O sofrimento também é uma parte importante do mundo inferior feminino. Pode ser inconsciente até que o advento da deusa da luz traga-o à consciência, mobilizando o entorpecimento calado até que doa. No nível mágico da consciência, o sofrimento é suportado com torpor.[77] Não há consciência do sofrimento.

Mas sofrer *faz* parte do feminino. Esquecemos que, até este século, o parto era muitas vezes acompanhado da morte. Assim, as mulheres astecas, que morriam dando à luz, eram equiparadas aos guerreiros que morriam em combate. Nesse sentido, Anne Bradstreet compôs um poema para se despedir do marido e dos filhos pequenos quando entrou em trabalho de parto de mais um bebê;[78] e Cotton Mather e seus contemporâneos viram que

> as Dificuldades tanto da *Sujeição* como de *Dar à Luz*, às quais o *Sexo Feminino* está fadado, foram transformadas em uma *Bênção* [...] Deus Santifica as *Algemas*, as *Dores* e as *Mortes* que, além disso, as mulheres enfrentam; [...] [como] mais uma Ocasião de Séria Devoção para elas.[79]

A vida da mulher tem sido a realidade de partos constantemente recorrentes e acompanhados de mortes reais, em um ciclo natural que manteve a maior parte de sua vida focada na dura malevolência da realidade, no sentimento de viver à beira do abismo. Assim, a criatividade das mulheres tem sido voltada para dar de fato à luz, para as artes e a manutenção da casa – todos processos sujeitos a desgaste, destruição e a devorar, não exatamente apreciados pelo contexto cultural como um todo, embora sejam a força civilizatória básica de qualquer cultura, imediata e pessoal, ocorrendo nos pequenos interstícios do processo de se providenciar a sobrevivência. Nesse contexto, não surpreende que os homens judeus deem graças a Deus por não terem sido criados mulheres. Para a mulher, contudo, feridas não são necessariamente patológicas. Fazem parte do ciclo menstrual, do parto e do sangue da vida diária.

Ereshkigal está presa em um processo ordenado, que ela mesma corporifica, "que a toda vida a morte dê fim", que o nascimento e a morte sejam íntimos na história das mulheres, que a mudança e a dor sejam inevitáveis. Ela sofre no isolamento, na submissão paciente, aguentando. Ereshkigal nos lembra que a maioria das grandes deusas sofre, é ferida na separação de seu filho, de sua mãe ou de seu amante. As deusas não evitam o sofrimento, mas o encaram e expressam essa realidade. Algumas, como Parvati, a prometida de Shiva, prestam-se ao sofrimento para chamar a atenção do amado e devolver equilíbrio à vida. Algumas ficam paralisadas ou são empaladas, pois o sofrimento pode levar a uma terrível passividade, a uma inércia negativa (como o grego Perítoo que ficou preso no Hades). Nos domínios de Ereshkigal existe um impasse em que tudo é miasmático, inumano e rudimentar. Inanna está empalada e Ereshkigal geme. Não há esperança, não há uma resposta yang eficaz, não há uma saída por força da vontade ou um esforço. Esse é o outro lado da frieza da deusa sombria.

Não obstante, aqui o sofrimento é primordial. É um sacrifício da atividade que pode levar inclusive ao renascimento e à iluminação quando é aceito como uma maneira de deixar ser. Sugere presença em seu nível mais sombrio, a sensação de perder tudo, inclusive a capacidade de agir, uma perda tão profunda que nada importa, "estar lançado além do ponto da dor".[80] Esse é o lugar da impotência do afeto caótico, entorpecido ou difuso, da impotência solitária do luto-raiva, da perda e da ânsia não mitigadas, um lugar infernal onde tudo que sabemos fazer é inútil (de modo que não existe um caminho conhecido para sair do desespero). Só nos resta suportar, quase sem consciência, mal sobrevivendo à dor e à impotência, em estado de suspensão e exílio da vida, empacadas, até que chegue, se chegar, algum ato de graça, com algum novo conhecimento. Esse padecimento em estado bruto, impessoal, embora potencialmente iniciático, é o território de Ereshkigal.

A estaca de Ereshkigal – prega e encarna

Dessa perspectiva, a estaca de Ereshkigal pode ser vivida como algo terrível e assustador, como uma das estacas em que eram fixadas as cabeças em volta dos castelos fantasmagóricos de hindus e celtas. Certa mulher deu voz a esse padecimento: "Existe dor porque fui abandonada pela minha mãe; é como um espinho no meu coração. E toda a minha vida está morta". Essa é a desolação abissal da filha ou do filho de mãe morta: uma vida de mortificação. Outra mulher, falando de seu sentimento de carência, quando começou a senti-lo de novo na análise, disse: "É como um falo esfolado, uma imagem do desejo no inferno, tão em carne viva que não pode nem ser tocado para receber, então é um ansiar vazio". Suas necessidades amputadas (ela ficou órfã aos 2 anos e foi enviada para um orfanato) davam-lhe uma sensação tão aguda de serem inatingíveis no âmbito humano que pareciam apenas repugnantes e terríveis. Uma terceira mulher viu em um sonho a imagem do falo de seu tio como uma estaca em que ela estava suspensa. Ela se lembrava de como sentia medo das investidas físicas dele e da ira que o possuía, mas ela o havia idealizado e tinha receio de desistir de sentir desejo por homens que se pareciam com o tio, "porque parece que estou em casa". Esse sadismo humano cruel é como a estaca de Ereshkigal, que faz a vida humana consciente parar. Muitas vezes nos percebemos adoecendo ou "enlouquecendo", em vez de encarar a realidade dessa dor.

Existe um outro lado da imagem da estaca, porém. Ao contrário da cena no mito egípcio posterior em que Ísis se fertiliza com o membro de Osíris quando ele está morto, aqui o cônjuge morto é uma mulher. A Grande Deusa está inerte e é penetrada enquanto está passiva, desprovida de vida, reduzida a ser carne. Não existe movimento, nenhuma aceleração óbvia. Existe somente a colocação do corpo na estaca. Com esse terrível ato de fixação, Inanna é pregada. Seu potencial para "uma miríade de ofícios" e capacidades é imobilizado. Essa atualização parece fazer parte daquilo que fertiliza um novo espírito dentro dela, assim como a limitação pode despertar a criatividade.

Certa mulher expressou sua experiência do lado doloroso dessa *fixatio*:

> É como se minha casa desorganizada fosse minha cruz. Estou totalmente pregada na fantasia de um lar e de uma vida ótima

e de ser uma pessoa importante. Só fico por ali e os rótulos antigos não servem mais. Perdi todo o controle de como as coisas costumavam ser, de me colocar em pé de novo, das obrigações. Me atenho a mínimos detalhes que me deixam pregada no lugar. Eles são o apoio para eu atravessar uma dor que não é nem dramática, nem desesperada, só entorpecida. Não existe significado, nem conforto. Só posso ficar esperando. E nem é esperar por algum resgate do modo antigo.

Esta mulher de 48 anos tinha passado a maior parte da vida esperando ser reconhecida, esperando finalmente receber cuidados de uma mãe, esperando ser aclamada por um cavaleiro montado em um cavalo branco que viesse redimi-la de sua passividade. Por meio da análise, esse atributo da inércia mudou. Ela sentiu que podia sacrificar seus dramas habituais, sua atividade inconsciente e frenética, e se recolher aos pequenos detalhes de sua vida diária. Identificou a humilhação que sentia como algo que lembrava a crucificação de Cristo, pois não sabia como a taça lhe poderia ser retirada, e ainda não conhecia a história de Inanna, nem se sentia conectada ao feminino. Depois de muitos meses focando os fatos encarnados da existência, ela começou a ver que o que tinha buscado estava presente neles, quando era capaz de ver de um novo ponto de vista. Começou a fazer um trabalho de conscientização sensorial e a honrar seu corpo com roupas que traziam cores e texturas. Depois percebeu que seus sentimentos se abriam no relacionamento transferencial com a terapeuta. Começou a valorizar sua vida encarnada e sensível e, por fim, pôde rever sua depressão como uma dádiva que lhe trouxe um novo senso de existir.

Outro aspecto do potencial da encarnação na estaca foi verbalizado por uma mulher que falou da percepção recém-despertada da realidade do seu corpo:

> A mulher é pregada na cruz quando começa a menstruar. É por isso que eu detestava menstruar, fingindo que não era nada. Então, com a energia de um touro, a mulher tem de carregar essa cruz, permitindo-se ser perfurada e deixando-se ser balançada entre os dois chifres. É a ordem da natureza para a mulher, e uma espécie diferente de cruz da dos cristãos, pois temos de balançar entre os chifres, ao longo do tempo. Sempre achei um verdadeiro sacrifício a sujeira, o mau humor e as cólicas da minha menstruação, mas agora posso ver – por meio da experiência da minha filha – que essa energia é equivalente à energia fálica, só que são duas pontas afiladas, formando um só bojo.

Apesar da repulsa consciente de sua menstruação, essa mulher tinha uma noção instintiva do "touro da mãe", e seu depoimento lembra o grande altar com chifres, em Creta, onde o deus da Lua de chifres é o senhor das mulheres.[81]

Existe uma conexão possível entre essa noção do deus de chifres e o Gugalana do mito (ver Capítulo 5). Ele é "morto", ou ativamente privado do seu efeito menstrual, quando uma mulher engravida. Desse ponto de vista, pode haver a sugestão de que o mito da Descida tem reverberações relativas ao mistério central da experiência feminina: a gestação.

Há várias culturas em que uma mulher em trabalho de parto é amarrada a uma árvore, ou abraça uma árvore, para dar à luz. (A mãe de Buda é um exemplo, e algumas tribos amazônicas praticam o costume de amarrar a parturiente longe do chão, de modo que ela fica pendurada até a criança aparecer.) Sem dúvida, submeter-se ao mistério da experiência corporal é uma maneira de a mulher – mesmo uma deusa – ser pregada na existência encarnada, pregada na realidade para encontrar a firmeza de uma postura própria.

Essa sensação da estaca sugere um aspecto da energia feminina yang impessoal, que firma, fixa na realidade material, corporifica e enraíza o espírito na matéria e no momento. Nesse sentido, serve de sustentáculo, como uma estaca à qual se apegar ao longo do fluxo da vida. Além disso, a estaca é como um falo ou um vibrador da deusa escura, ou o membro de Gugalana, seu marido, que foi morto. Há analogias com o falo frio do demônio – senhor do submundo e consorte de Diana –, como o entendem as adeptas ocidentais do culto à bruxa. Para elas, esse falo as uniu em uma única comunidade por meio da experiência ritual compartilhada do espírito fertilizador da natureza.

A estaca de Ereshkigal como o poder feminino de sustentar a separação

A estaca fornece uma penetração de abertura que é instrumento da iniciação da deusa, como o falo impessoal de qualquer homem nos templos de Inanna-Ishtar. Esse rito, no entender de Esther Harding, era uma liberação para a deusa das energias do intercurso sexual.[82] Como o yin receptivo é vazio por natureza, há o risco de a mulher que sente o próprio vazio – especialmente em uma cultura patriarcal – buscar realização por meio do parceiro masculino de fato ou dos filhos homens, ou servindo a ideais coletivos do *animus* na prostituição ao pai. Essa mulher terá inveja do pênis e o buscará para satisfazer seu anseio de poder; ou tentará perder sua sensação de impotência, adorando o homem que lhe traz prazer sexual e a possibilidade de uma abençoada fusão. Ter consciência do espaço interior pode levar a mulher a se sentir vazia, sem vida, oca, como se estivesse sem comida ou substância – uma cavidade oral –, devido à ausência da mãe ou do amante. Então ela anseia ser preenchida e é suscetível a uma dependência abjeta de ser fertilizada por um *animus* ou uma figura externa. Ela pode perder a própria alma na bem-aventurança de se fundir com o amante.

A fome da mulher de se fundir com o masculino como *animus* ou um homem exterior, sua idealização do masculino como o verdadeiro espírito ao qual irá se submeter, sua necessidade de estar repleta da autoridade patriarcal, ou de ser tratada como filha pelo masculino, muda por meio dessa penetração interna. Com grande frequência, não é percebida uma distinção entre a necessidade de ter mãe que a mulher não cuidada pela mãe sente e sua necessidade de um parceiro homem. Talvez porque tantas mulheres foram cuidadas pelo *animus* patriarcal de quem cuidou delas, ou porque tiveram um pai ou irmãos mais afetuosos ou de mais valor, elas continuam buscando forças e maternagem nos homens e em seu próprio *animus*, inclusive desvalorizando os cuidados femininos que lhes estão disponíveis.

A estaca de Ereshkigal preenche o vazio onireceptivo do feminino com a energia feminina yang. Ela ocupa o útero-boca eternamente vazio e oferece à mulher sua própria totalidade, de tal sorte que a mulher não está meramente dependente de um homem ou de um filho, mas pode ser uma pessoa plena e separada para si mesma. Ela pode defender por si própria seu "sim" e seu "não", sua própria estaca sólida. A estaca de Ereshkigal fertiliza a mulher com essa nova atitude sagrada diante da vida.

Portanto, ser empalada na estaca dá continuidade ao processo que permite o nascimento da capacidade de se separar e ser completa em si, a serviço da deusa escura, a capacidade de negar e de afirmar, de aguentar com raízes firmes, de destruir e de criar. A fonte está dentro, por isso não há necessidade de buscar validação externa por meios indiscriminados ou masoquistas, nem de tentar tornar o meio ambiente amistoso para obter ajuda, e nem de aplacar os outros para receber gratificações. A necessidade básica de ser preenchida, tão insatisfeita pela mãe em muitas mulheres modernas, encontra um modo de ser satisfeita e surge um padrão real de enraizamento e autossustentação.

Nossa cultura claramente desencorajou as mulheres de reivindicar a força feminina impessoal. Essa concepção é considerada monstruosa. Com isso, as mulheres são incentivadas a serem dóceis e a "se relacionar com Eros" a figuras de *animus* paternas sádicas, em vez de reivindicar seu próprio poder igualmente sádico-assertivo.

Essa *coniunctio* com o falo da deusa não substitui a *coniunctio* posterior pelo casamento entre o feminino e o masculino, mas lança luz na *coniunctio* menor e torna possível uma maior, que seja genuína e passional. Quando a mulher pode sentir a sua própria postura individual conectada consigo mesma, ela pode se abrir para receber o outro em seu próprio bojo integral e forte. Os sonhos de duas mulheres ilustram esse processo:

> Vou buscar meu diagnóstico porque estou terminando a análise. Os médicos me dizem que tenho testículos. Pensei que eu tinha colite. Agora, vejo que não preciso ser a empregada doméstica de ninguém. Tenho bolas e posso criar o que eu preciso.
>
> Vejo que minha mãe, que normalmente parece uma boneca e sempre se rebaixa para os amantes, também tem um pênis debaixo da camisola. Agora ela pode fazer amor apaixonadamente. Ela é tanto mulher como homem.

A mãe nesse sonho é como a Afrodite barbada, a forma hermafrodita da deusa do amor. Essas duas mulheres tinham se apossado da própria estaca: tinham pontos de vista próprios e podiam começar a assumir a própria criatividade e suas próprias conexões individuais e passionais com a vida.

Outra mulher, depois de falar de sua noção pessoal de realidade para o amante e de arriscar que ele se separasse dela, teve este sonho:

> Visito uma mulher muito velha; parece uma bruxa. Duas cobras venenosas que ela tem entram na minha vagina. Fico petrifi-

cada e tento tirá-las de lá. Ela me diz que, enquanto ficarem juntas, não vão picar. Relaxo e sinto uma espécie curiosa de segurança. Sei que terei de mantê-las juntas. A filha da bruxa entra e diz que irá me ajudar.

Aqui, as serpentes fertilizadoras são os opostos que, quando unidos – como estão no abismo de Ereshkigal e no nível arcaico da consciência, e com um ego equilibrado como bojo que consente com sua presença –, podem fertilizar e proteger. Elas não destruirão, mas convidarão uma nova sombra "filha", que a paciente que relatou o sonho associou a "uma mulher que pode ser detestável, mas que busca sua verdade no mais fundo de seu ser e a expressa".

Todas essas mulheres começaram a servir o feminino sombrio. Percebem uma nova energia que lhes permite permanecer firmes no chão que sentem pertencer à própria realidade, vivida individualmente, posicionando-se contra o *animus* coletivo e patriarcal, mesmo que sejam consideradas detestáveis ou não políticas, mesmo que tenham de destruir as antigas formas sentimentais de amar e a velha noção do seu bem-estar, que desenvolveram para ser meramente agradáveis e leais ao que é bom e "sadio". Pois, enquanto as forças demoníacas da deusa escura não forem reivindicadas, não há na mulher a força que a leva a crescer, permitindo-lhe deixar de ser uma filha para se tornar uma adulta que pode enfrentar a força do patriarcado em sua forma inumana.

Certa mulher que tinha começado a reivindicar afetos poderosos, até então encapsulados em sonhos e em cistos corporais, sonhou que:

um homem estupra a filha com um falo enorme que ele desliga [desconecta de sua humanidade] quando não necessita dele. Sua filha é pequena demais para falar do terror que sente, mas expõe a situação brincando com bonecos, o que a terapeuta pode interpretar.

O trabalho com o sonho fez a mulher reconhecer lembranças de abusos sofridos na infância e que ela não conseguia rotular, nem superar, e encapsular de sua maneira habitual, regida pelo *animus*. Reflexões subsequentes levaram à descoberta de que ela ainda tratava suas profundas emoções não verbais com a mesma indiferença depreciativa com que o pai embriagado havia tratado a filha ingênua; em outras palavras, seu *animus* ainda a atormentava.

Várias mulheres têm falado da diferença que percebem entre a força yang da deusa e o yang do *animus* patriarcal e condenatório. Uma delas disse: "Existe uma força que parece um útero com um pênis dentro. Ele não corta apenas; também me abastece e cuida de mim. Para mim é força, em algum nível". Ao contrário da força yang do *animus*, que "corta apenas", que foca com arrebatadora intensidade ou atinge como uma flecha disparada a uma distância apolínea, o yang feminino parece mais corporificado e firmemente enraizado. Ainda assim, é mais difuso e mantém certa relação com toda a *gestalt* através do tempo e por meio do afeto percebido, ao mesmo tempo que enxerga de maneira objetiva as partes, subordinadas ao todo.[83]

Imagens oníricas de mulheres que aparecem com falos ou objetos fálicos que penetram a mulher no sonho são muitas vezes associadas a figuras descritas como telúricas, morenas, exigentes, fazendo o que querem, fortes, passionais, e vistas como inerentemente positivas. No entanto, no começo, o ego bom, limpo e cortês as menospreza e teme, entendendo-as como bruxas malcheirosas, intuindo o inevitável desmembramento do ideal de ego a fim de englobar e reivindicar essas forças. Um exemplo desse processo foi dado por uma mulher que narrou este sonho:

> Sou levada por um grupo de mulheres [que ela identificou como pessoas fortes e francas]. Elas estão indo me sacrificar em uma mesa de pedra. Uma dessas mulheres tem um volume sob o manto, que acaba sendo não um falo, mas um facão.

Ao final do relato, ela exclama: "Como puderam fazer isso com a pobrezinha de mim?", dando um exemplo de como sua *persona* sentimentalizada temia sua autoafirmação genuína e se protegia dela.

IV

A Deusa Bipolar: Duas Irmãs

A deusa bipolar

Meu primeiro contato com o mito da descida de Inanna ocorreu quando ouvi o relato do sonho inicial, feito por uma mulher: "Mergulho na água até o fundo do mar para encontrar minha irmã. Lá está ela, pendurada em um gancho de açougue". Essa imagem indica a necessidade de buscar os atributos do feminino multifacetado, passional e forte, suspenso no fundo do inconsciente, e devolvê-los à vida consciente. Aqui, a irmã é análoga a Inanna e à sua capacidade de entrar em um relacionamento proveitoso e confiável. Ela havia vivido com a sensação de ser estrangeira e estar exilada, como se estivesse no inferno, e se sentia mais próxima dos domínios sombrios de Ereshkigal do que das energias simbolizadas pela imagem de Inanna.

No princípio, entendi o gancho de açougue como uma indiferença maldosa, que associamos a experiências de família e ao seu *animus*. Não encontrei a amplificação de Inanna senão depois que suas defesas esquizoides tinham sido removidas, camada por camada, durante dois anos, e ela mesma já havia percorrido um bom trecho do caminho até o mundo inferior. Senti-me grata ao mito então, ao me ensinar que a terrível lentidão do processo – um portão por vez – era o ritmo certo.

Essa mulher se identificara com os valores do patriarcado. Tinha feito faculdade, tentara ser heroica, inteligente e encantadora. Mas era uma pessoa cheia de raiva e medo e só conseguia se relacionar com homens se fossem homossexuais. Tal qual o mito em si, seu sonho sugere a necessidade de conectar o feminino no mundo superior, seja ele sadio ou comprimido do ponto de vista da psicologia, com a sombra no mundo inferior, pois, antes que a mulher consiga se desidentificar desse ciclo para reverenciar seu padrão de totalidade como transpessoal, ela deve padecer a morte do ideal do ego nesse núcleo. A manutenção desse ideal está ligada à repressão de parte do padrão da totalidade feminina no mundo inferior.

No poema, Ereshkigal é chamada de "irmã de Inanna". É a sombra dela, ou seu complemento. Juntas, as duas deusas constituem o padrão da totalidade bipolar do arquétipo feminino, a biunidade mãe-filha da Grande Deusa. É algo análogo à estrela Inanna, acima e abaixo, pois a jovem deusa virgem do amor e das prostitutas "é, com frequência notável, 'equiparada' à deusa ourobórica feminina do início".[84] A deusa do Grande Acima simboliza todas as maneiras pelas quais as energias da vida se envolvem ativamente umas com as outras e fluem juntas, incluindo as conexões que são amorosas e as disjunções que são passionais. Abaixo, e muitas vezes reprimida, está a energia que regressa para si mesma e desce em introversões de autopreservação. É a energia que torna a mulher capaz de se separar por si mesma a fim de sobreviver sozinha.

Do ponto de vista psicológico, vemos esses dois padrões de energia nas modalidades empática e autoisolacionista, básicas à psicologia feminina, em relação a todos os parceiros interiores e exteriores: filhos, projetos criativos, amantes e até as emoções autônomas da própria mulher, suas emoções, percepções e pensamentos. O envolvimento ativo que quer o outro, que envolve o relacionamento em um abraço amoroso e bélico: isso é Inanna. Percorrer o círculo de volta, descendo, sem interesse pelo outro, sozinha e até mesmo fria: isso é Ereshkigal.[85]

O mito nos diz que não é patológico ser inconstante; em vez disso, é servir à deusa bipolar da vida e da transformação. Muitas mulheres ficam presas na parte separacionista do ciclo e reagem de modo negativo e com culpa à sua frieza aparentemente impiedosa, caindo em depressão. Ou se apegam à parte relacional, mesmo quando soa falsa e parece um desserviço à sua própria integridade (até que o Self imponha suas exigências por meio da frieza e da belicosidade inconscientes etc.), porque não reconhecem o padrão bipolar da totalidade.

Vemos esse padrão em muitos pares de deusas: Atena e Medusa; a celestial Afrodite e Afrodite Urânia; a mais velha das Parcas; a Mãe Kali e Kali-Durga, a devoradora; o lado escuro e o lado claro da Lua. Podemos entender que esses pares estão relacionados com os dois tipos de energia do ciclo menstrual: as fases de ovulação (branca) e de menstruação (vermelha).[86] A bifurcação costuma surgir nas imagens oníricas de mulheres com orientação patriarcal como uma cisão do corpo feminino em acima da cintura e abaixo da cintura, e que a parte superior sugere o lado mais provedor, cultural e pessoalmente "bom", "relacional", da mulher, e a inferior está vinculada a energias "repugnantes", "malcheirosas", agressivas e frias, impessoais e "negativas". Nossas divisões culturais não têm o mesmo conteúdo que existia entre os sumérios, pois Inanna celebrava sua vulva com óbvio deleite e se regozijava com seu poder. E até mesmo em nossa cultura há diferenças gerais e individuais. O que está reprimido nas filhas intelectuais e realizadoras do patriarcado nem sempre é o que é desvalorizado e ignorado pelas mulheres presas aos papéis de mãe e de esposa.

Quando se relacionam com imagens do feminino presentes nesse mito, algumas mulheres se percebem aprisionadas pelo lado erótico e ativo-assertivo de Inanna. Essas são capazes de sentir suas energias, anteriormente temidas, agora refletidas na deusa do mundo superior. É como se tivessem de redimir o potencial da sexualidade feliz e/ou a asserção ativa do próprio mundo inferior de sua psique. Outras mulheres, já conscientes de sua capacidade erótica e/ou assertiva, podem precisar encontrar o potencial da receptividade paciente e da gestação figurado em Ereshkigal. Talvez elas precisem "descer" temporariamente de seu padrão aceito de comportamento para viver um período de introversão (de gestação real ou de depressão) para dar continuidade ao processo de realização de sua totalidade potencial.

Não importa, contudo, como o padrão encarna ou se torna imagem; está ali e é bipolar, pois a alternância, a oscilação, é uma função do Self feminino. Experimentá-lo tal qual é constitui um elemento central da qualidade rítmica e inconstante do modo feminino, conforme vai alternando ao longo do tempo, manifestando uma fase primeiro e depois a outra. As duas imagens da deusa representam fases de um todo único que precisa ser visto e honrado.

Assim, esse mito nos ensina o padrão *circulatio* que estimula a vida. Inanna segue com determinação rumo ao mundo inferior, indo ativa e conscientemente na direção do próprio sacrifício, tal como a mulher moderna tem de cooperar e aquiescer em sua introversão e nas regressões necessárias ao mundo inferior e aos níveis mágicos e arcaicos da consciência. Ela deve descer para encontrar suas próprias origens instintivas, para encontrar a face da Grande Deusa, bem como a sua, antes de nascer no nível da consciência, na matriz das energias transpessoais antes que tenham sido decifradas e tornadas aceitáveis. É o sacrifício do que está acima pelo bem do que está abaixo. (Desse ponto de vista, Inanna é uma prefiguração de Cristo e de Odin. Ou, encarnada na Terra através das esferas planetárias, é uma ancestral da Sofia gnóstica.)

Incesto com a mãe ou a irmã

Quero mencionar o tema do incesto com a mãe ou a irmã, uma vez que está sem dúvida implicado na bipolaridade da deusa. Para uma mulher, isso implica muitas coisas. Neste contexto, é uma maneira de "incorporar os poderes da mãe escura, mais do que destruí-los ou escapar a eles".[87] O laço erótico permite uma conexão íntima com os atributos positivos da sombra aos quais a mulher talvez jamais tenha tido, em si, um acesso consciente. Também é um retorno à possibilidade de estar intimamente reconectada com outra pessoa que é como ela e que, portanto, pode validá-la de forma plena.

Está implícito o mistério do amor entre mãe e filha, e entre mulheres que se equiparam. Anne Sexton escreveu sobre "a caverna do espelho, sobre a dupla mulher que olha para si mesma", em seu poema intitulado "The Double Image" (A Imagem Dupla). Uma mulher em terapia sonhou que "olhava no espelho e via outra mulher, que era igual a mim; então, sou válida e estou a salvo". Nas palavras de Adrienne Rich, "no espelho em que duas são vistas como uma só/ela é essa que você chama de irmã".[88] Outra mulher pintava repetidamente duas irmãs que se abraçavam, e "os dois corpos, pressionados um no outro, pareciam uma pessoa só". Ela se explicou nos seguintes termos: "Duas irmãs se abraçando criam uma pessoa só, que é forte. E é desse jeito que posso me abraçar quando preciso de mãe e não há mais ninguém para fazer isso. Eu comigo, como uma irmã com a outra". Ela escrevia bilhetes para sua terapeuta, chamando-a de "irmã". Não é apenas uma formalidade linguística que leva Inanna a chamar Ereshkigal de irmã.

Esse incesto sugere cuidados ourobóricos, aquele nível do elo simbiótico que confirma a mulher em seu próprio valor e lhe permite seguir em frente com sua alma feminina, livre da servidão ao coletivo exterior. Em geral, implica alguma imagem de comer – inclusive de comer a terapeuta – para assimilar os fragmentos da alma que ainda são vistos somente no espelho da outra pessoa da díade. Uma mulher disse: "Eu só quero que você fique aí sentada, em silêncio, para que eu possa comer você de volta em mim". Outra se viu na imagem de "uma lesma que devora a si mesma... se aguentando debaixo de tudo, só ingerindo lentamente minha raiva, minha gula e minha preguiça, enquanto você observa. Porque sinto que você também fez isso". Como o pelicano ourobórico (o vaso alquímico da *circulatio*), ela sentia a necessidade de consumir seus instintos previamente evitados. Ainda os chamava pelo mesmo nome que havia usado a vida toda para marcá-los como pecaminosos porque achava que, primeiro, precisava aceitar sem idealização a substância desses impulsos.

Com frequência, ocorre na terapia uma intensa transferência erotizada para a mulher terapeuta, quando esse nível é alcançado: uma fusão ourobórica dissolve a defensividade do *animus* e permite um renascimento com a capacidade de expressar ativamente necessidades e sentimentos. A imaginação ativa de certa mulher a incluiu fazendo amor com a terapeuta, penetrando-a enquanto caíam através do chão em uma piscina funda no andar de baixo. Ela se sentia tornando-se líquida, e se dissolvia no corpo cálido da terapeuta. Depois de alguns minutos de uma inconsciência bem-aventurada, ela se sentiu emergindo como um bebê de cinco centímetros, "como o bebê que entrou no ventre de Maria em um raio de luz". Esse bebê poderia ser cuidado na terapia. O incesto com a mãe permite a cura do ego-*animus* ferido e sua dissolução no receptáculo terapêutico confiável a fim de permitir o nascimento e o provimento da criança-Self como um novo padrão de totalidade.

Como em todos os relacionamentos de amor, está implícita uma fertilização cruzada. Inanna traz uma consciência diferenciada e atividade para mobilizar os domínios de Ereshkigal e causar um sofrimento consciente, talvez um nascimento. Em troca, ela recebe sua própria morte e seu próprio renascimento, a capacidade de testemunhar, e novas forças para a presença introvertida. No plano superior, Inanna é como uma cornucópia, vertendo e sendo apaixonadamente iniciática. No inferior, é passiva, ela mesma uma iniciada. Aparece dissolvida e acolhendo os processos da vida, a decadência como uma gestação no mundo inferior, não de uma criança, mas do Ser em si em sua versão aparentemente mais negativa. Ao mesmo tempo, Ereshkigal se torna ativa e consciente. A fertilização cruzada entre duas deusas tem um efeito profundo em ambas e em suas respectivas capacidades criativas. Em última instância, modifica a relação entre o mundo inferior e o superior, e cria um novo equilíbrio masculino-feminino no mundo superior.

No âmbito do acolhimento analítico, essa fertilização cruzada profunda ocorre por meio da intensa e inevitável transferência-contratransferência, quando o trabalho avança para o nível mágico e arcaico da psique. Em geral, as duas partes são mobilizadas de modo profundo por meio de complexos compartilhados ou complementares, e devem se relacionar com os padrões energéticos arquetípicos constelados por esses núcleos sensíveis. Como Jung nos ensinou, as duas partes emergirão mudadas quando o trabalho é uma descida iniciática, pois ambas fazem a jornada juntas. Mesmo que a analista já tenha percorrido uma grande parte desse território, há áreas novas que são abertas com cada nova pessoa em análise. Assim, sempre existem novas experiências e novas constatações, novas surpresas e novas aberturas que vão mais fundo ou mais longe no âmbito infinito da psique.

Há outro aspecto do incesto com a mãe que é muitas vezes visto na análise das filhinhas do papai que repudiaram ativamente a mãe fraca e viveram uma superidentificação com o intelecto e o espírito masculino. Essa mãe é vista como o modelo da inferioridade da qual fizeram toda a força possível para escapar. Então, o incesto com a mãe pode ser um despertar doloroso para os atributos compartilhados com a mãe, uma identidade com a mulher desprezada e depreciada. Depois de explorar os atributos da sombra do próprio pai e de se desemaranhar da identificação com ele, uma mulher começou a pensar em sua mãe e ficou consternada ao perceber que "repetia a vida da mãe. Pensei que eu fosse como o meu pai, sua favorita, mas vejo que sou como ela. Ela era totalmente subserviente, pertencia a ele, vivia como serva. Nós duas nos perdemos". Outra mulher, depois de voltar de uma visita à casa dos pais, ficou desesperada: "Sou exatamente como ela. Ordinária e maldosa, odiando e tentando agradar, apavorada. Eu pensava que era forte e inteligente, e que tinha me livrado disso tudo". Uma mulher que só conseguia enxergar a sombra negativa da própria mãe começou a examinar sua ligação com os atributos que lhe pareciam fazer mal: "Sempre detestei nela a inveja que fazia tanto mal, mas vejo que sou parecida. Ela recolhe pessoas perdidas, de rua, e abandona os próprios filhos, enquanto eu cuido dos meus alunos e ignoro minhas próprias necessidades. Não é tão diferente".

Em todos esses exemplos, a mãe pessoal é idêntica à sombra negativa da mulher, vista em projeção na mãe. As filhinhas do papai já adultas acham uma humilhação enxergar os vínculos com a fraqueza e o autodesprezo que têm em comum com a mãe. Esse *insight* prende a mulher na realidade, destrói seu ideal de ego heroico e grandioso, e inicia um período de descida na depressão, à medida que ela sofre com a identidade com o feminino ferido e menosprezado, tal qual Inanna apodrecia na estaca de Ereshkigal, estuprada e desprezada.

Até que os atributos da sombra negativa sejam vistos em seu contexto cultural mais amplo, a filha se sente especialmente amaldiçoada e sem esperanças. Nesse momento, a perspectiva feminista é terapêutica. Verificar que todas as mulheres sofreram com o menosprezo cultural significa que não é culpa da mulher individual que ela se sinta fraca e inadequada em sua vida pessoal e ao cuidar da própria filha. A perspectiva cultural arquetípica remove o ônus da mãe pessoal e, com isso, interrompe o ciclo de exigências não atendidas, de mágoas, frustrações e vinganças que podem persistir até a velhice e impedir a autoaceitação. A perspectiva feminista parece permitir uma postura de testemunha solidária do Self e da mãe que reestrutura o problema e, como veremos, é análoga à ação de quem pranteia a morte de Enki.

V

Descida, Sacrifício, Transformação

Descida

O motivo da descida é rotineiro no trabalho junguiano – e se aplica de igual modo, apesar de por meios diferentes, a homens e a mulheres. Aqui, no entanto, abordo apenas a experiência vivida pelas mulheres que passaram por esse processo.[89] Entramos em descensos ou introversões a serviço da vida, para recolher mais do que aquilo que foi mantido inconsciente pelo Self no mundo inferior, até estarmos fortes o bastante para a jornada e dispostas a sacrificar a libido para que seja liberada. Os descensos mais difíceis são os que alcançam a dimensão ourobórica e primitiva em que sofremos o que parece ser um desmembramento total, mas muitas outras descidas são imagens envolvendo túneis, ventres ou úteros, cruzar montanhas e atravessar espelhos. Podemos ter precisado fazer algumas descidas mais fáceis para desmanchar pontos de rigidez e aumentar a energia, antes de podermos nos arriscar em descidas dilacerantes até o fundo de nossas feridas primordiais para trabalhar no nível psicossomático de uma dor fundamental.

Essas descidas mais profundas levam a uma reorganização radical e a uma transformação da personalidade consciente, mas, assim como a jornada do xamã ou a de Inanna, estão repletas de perigos reais. Esperamos que, na terapia, o profissional possa "administrar" e acompanhar a descida com ajuda do inconsciente, mas alguns processos ocorrem além da capacidade do terapeuta ou abrem fendas invisíveis de episódios psicóticos. Todas as descidas dão acesso a diferentes níveis de consciência e podem instigar a criatividade existencial. Todas envolvem sofrimento. Todas podem servir como iniciação. Meditar, sonhar e entrar em uma imaginação ativa são modalidades de descida, assim como a depressão, ataques de pânico e experiências com alucinógenos.

O significado causal da descida de Inanna tem intrigado os estudiosos. Na versão mais antiga do mito, não tem nada a ver com elevar Dumuzi-Tamuz já que ela ainda nem o mandou para baixo. As versões posteriores de Ishtar sugerem que a deusa quer levantar os mortos, e a reação de Ereshkigal à invasão da rainha dos céus sugere o medo da deusa escura de perder algo a que está apegada, algo que tem estado morto para o mundo superior. Pode ainda sugerir o medo que esta sente de confrontar a si mesma em outro nível de consciência e provar a própria infelicidade, ao obter uma noção do sofrimento.[90]

Em geral, os estudiosos têm considerado mera desculpa o motivo alegado por Inanna para sua descida:

> Minha irmã mais velha, Ereshkigal,
> Porque seu marido, o senhor Gugalana, tinha sido morto,
> Para participar dos ritos fúnebres... que assim seja.[91]

Para mim, porém, essas palavras falam a verdade: Inanna desce para acompanhar o enterro do senhor Gugalana.

O nome Gugalana significa "grande touro do céu". O touro é um símbolo da energia masculina primordial, do poder fecundador da natureza. Na Suméria, o touro está ligado a vários deuses locais e divinos. O deus primordial, An, é chamado de "touro reprodutor fecundo"[92] e "grande touro selvagem"[93]. Foi ele que criou o touro do céu que Ishtar exigiu para punir o insulto que lhe fizera Gilgamesh.[94] Nanna, o deus da Lua, tem os chifres em formato de Lua crescente, o que também faz dele o touro do céu (mais tarde, será considerado o deus dos vaqueiros). Enlil também é entendido como uma "personificação da força"[95] e dos "ventos da primavera [que] trazem a natureza de volta à vida".[96] Enlil é o marido de Ninlil-Ereshkigal; provavelmente, o Gugalana do poema. O touro é o signo de terra Touro, o signo astrológico primaveril oposto a Escorpião, um signo de água. Às vezes, Inanna-Ishtar é retratada tendo homens em formato de escorpião como seus serviçais. Ela também é a corporificação da fertilidade da terra, e o touro pode ser emblemático da força masculina que a complementa. Com certeza, a morte do touro lhe traz uma preocupação especial no épico de Gilgamesh, assim como no poema da Descida.

"O senhor Gugalana foi morto." Penso que Gugalana é o aspecto do mundo inferior de Enlil. O fraseado do poema sugere que Inanna deve testemunhar a sombra reprimida do deus Céu, o fato de que Enlil era um estuprador que foi banido para o mundo inferior por sua violência. Os pais do deus Céu não são apenas puros e admiráveis. Os deuses patriarcais têm um lado escuro, uma grande sombra cindida e tornada inconsciente. A imagem do poema sugere que essa sombra é uma paixão taurina, desejo e poder em estado bruto, violência sádica e aniquiladora, capaz de um assédio demoníaco. A sombra obstinada, defensiva e abusiva dos deuses é um fato do patriarcado e de seus ideais heroicos, ideais que subjugam o feminino e lutam para controlar a vida e tentar prevalecer, investindo contra o que vier pela frente, indiferente quando destrói a sensibilidade lúdica e os relacionamentos afetivos. A descida de Inanna implica que ela enfrenta sua sombra patriarcal arquetípica. Ela deve ver os limites dos pais e testemunhar o que foi reprimido. Deve encontrar Ereshkigal de novo.

Em termos psicológicos, para as mulheres modernas, a morte do touro do céu implica que o que antes sustentava e fecundava o ego-*animus* não pode funcionar mais. O princípio paterno ancestral perdeu sua potência e, junto com ele, os ideais e imperativos do *animus* que funcionavam como fonte de identidade para a filhinha do papai. A desidentificação pode ocorrer de várias maneiras. Quando ela consegue enxergar o que está por trás da fachada do pai idealizado como modelo, a mulher pode começar a ver a fragilidade humana encoberta e, depois, consegue se livrar do magnetismo arrebatador do ideal. "O que eu achei que fosse toda a força, a vitalidade e a inteligência do meu pai acabou se mostrando como o Mágico de Oz. Ele é apenas um homenzinho atrás de uma cortina, alguém que mal consegue manter seu negócio, tentando manter o fôlego", disse certa mulher quando confrontou fatos da vida pessoal do pai. Houve outra que sonhou que o pai era um Inquisidor, e ela conseguiu olhar para a sombra arquetípica por trás das virtudes cristãs com intensidade e espanto ao lidar com a imagem de um sonho em que "eles queimavam mulheres". Pela primeira vez, ela pôde encarar o sadismo envolvido nos ideais patriarcais que havia reverenciado, enxergando-os como inimigos do feminino e de si mesma.

Quando a filhinha do papai enxerga a confusão e a irrelevância, para sua própria personalidade, das virtudes e dos conceitos que até então lhe haviam dado sustentação, ela também pode começar a abrir mão deles, usando a clareza de visão e a objetividade de Ereshkigal. Certa mulher viu a falta de consistência do pai como a imagem de um medalhão que ela era obrigada a usar, com a panóplia caótica de rótulos que seu pai lhe havia dado, balançando na circunferência do objeto. O vento soprava-os para a frente, de modo errático, a fim de serem lidos. Ela podia ver que as palavras tinham pouco a ver com sua realidade, mas sentia uma perda genuína e lamentava o fim de um sistema de identidade que tinha dado sentido à sua vida. Esse não era um sentido fundado na realidade; ela sonhou com vigas enormes suspensas no céu, colocando-a em perigo, mas a ilusão tinha dado a impressão de alimentar sua vida. Para a filhinha do papai, enfrentar essa perda é como estar de luto por uma morte. Na depressão que se segue, ela deve chegar a um ponto subjacente a sua adesão a ideais que estupraram o feminino e separaram o de cima do de baixo. Ela é obrigada a se introverter e se oferecer em sacrifício para sofrer o desmembramento e a dissolução de sua própria identidade antiga. Desse modo, segue o caminho de Inanna.

O casamento-morte de Inanna

Quando presencia a morte do touro do céu, a deusa faz sua descida. O trecho seguinte do mito diz respeito a seu casamento-morte: sua morte e ser empalada na estaca fálica da deusa escura, seu incesto com o lado yang da mãe. No mito, Inanna desce como se estivesse vestida para um casamento, com o dístico "Que ele venha, que ele venha" nos olhos e, no peitoral, as palavras "Venha, homem, venha". Parece que, no começo, ela quer usar seu poder de sedução para tentar reviver o morto, reanimar o touro do céu. Mas ela vai como "testemunha" ao enterro, "que assim seja", como se também concordasse com o que sabe claramente que irá acontecer consigo. Também é o funeral dela, e ela se prepara para isso. Assim, pode se abrir para receber a potência das forças adormecidas no mundo inferior. Como uma iniciada, entrega-se corajosamente ao próprio sacrifício a fim de ganhar um novo poder e um novo conhecimento.[97] Como a semente que deve morrer para germinar de novo, a deusa dos grãos se submete. Como o bom metal, a boa pedra e o bom arbusto do poema, partidos pelos artífices em seu processo criativo,[98] Inanna permite-se ser partida para gerar uma nova criação.

Sacrifício e troca de energia

O sacrifício é a base dos ritos da fertilidade primordial. Inanna se oferece em sacrifício, testemunhando a morte da fertilidade e servindo ela mesma de semente. Ela oferece sua própria libido para reabastecer a fonte perdida. É de sua imolação voluntária que depende a continuidade da criação. Como aponta Eliade:

> O mito do nascimento das plantas comestíveis [...] sempre envolve o sacrifício espontâneo de um ser divino. Pode ser a mãe, a menina pequena, uma criança, um homem... [Nesse motivo mitológico extremamente difundido] a ideia fundamental é que a vida só pode nascer de outra vida que é sacrificada; a morte por violência é criativa no sentido de que a vida sacrificada se torna manifesta [...] em outro nível da existência. O sacrifício engendra uma mudança gigantesca.[99]

Os ritos da Mãe Terra envolvem um *hierosgamos* e/ou uma morte violenta. Nos rituais coletivos, o ser sacrificado é o bode expiatório da comunidade. A vítima é oferecida à deusa da Terra para que ela garanta "boas colheitas, as estações e saúde".[100] É "o plantio que fecunda a Mãe Terra".[101] De acordo com Erich Neumann:

> Antigamente, o sacrifício de seu filho, um homem, pela mãe era precedido pelo sacrifício de uma filha. [...] A vítima é uma mulher e, em outro dia, uma menina pequena que desempenha o papel da deusa da Terra [como milho]. Ela é decapitada e seu sangue é aspergido sobre frutas, sementes, e assim por diante, a fim de garantir que cresçam. [...] Os elementos essenciais nesse ritual de fertilidade são a decapitação da mulher como deusa, o sacrifício frutificante de seu sangue, a flagelação de seu corpo e o sacerdote vestir a pele dela.[102]

Esses rituais eram amplamente difundidos. Há evidências de que aconteciam antigamente no México, entre os pawnees,[103] e é provável entre os ancestrais dos sumérios. Talvez os porcos imolados em Atenas, e seu esquartejamento depois de sua carne podre ter se tornado adubo, sejam uma adaptação posterior dessa mesma necessidade de sacrificar à terra algo da terra para que possa advir uma nova vida.

Sabemos que, quando Inanna estava no mundo inferior, nada cresceu nem copulou. A terra ficou estéril. A própria deusa havia se recolhido no sacrifício: ela foi o primeiro bode expiatório. Do ponto de vista desse sacrifício, podemos ver que Inanna mantém o equilíbrio da vida. Deixando "o mais alto céu", ela desce ao "mais fundo da terra". Na mesma medida em que era elevada, deve afundar; deixar de ser ativa e extrovertida e tornar-se carne passiva e inerte; deixar de ser diferenciada e ideal para se tornar indiferenciada e primordial. Somente assim pode ser mantido o equilíbrio exigido pelo Grande Círculo. É uma troca da libido com o objetivo da renovação.

Com base nesse mito, podemos observar que o bode expiatório original nada tinha a ver com uma oferenda pelos pecados. Não havia uma ética envolvida; somente a necessidade que subjaz à lei natural da conservação da energia para manter o equilíbrio energético no sistema geral da vida. Nada muda nem cresce sem o combustível do sacrifício de alguma outra coisa. Essa é a base da experiência das mulheres que dão à luz e de todos os mistérios de sangue que criam e mantêm a vida, conhecida pela consciência matriarcal e pela física moderna. É a base da psicologia e de todo tipo de transformação, e a teoria junguiana da libido está baseada nesse fato cósmico e profundo.

O mito da descida e do retorno de Inanna é centrado nesse arquétipo do intercâmbio de energia por meio de um sacrifício, e revela um padrão complexo: o touro do céu é morto; a terra perde seu princípio fecundador e é recompensada com a imolação da deusa. Inanna se torna a carne do mundo inferior, seu sustento e adubo apodrecido que, por sua vez, é resgatado com recursos de Enki. A ascensão da deusa deve ser paga com o nascimento de algo monstruoso vindo de Ereshkigal[104], por meio do sofrimento e, no final, com o descenso de um substituto que é oferecido. Dumuzi é enfim parcialmente redimido e devolvido ao mundo superior pelo sacrifício de sua irmã. A libido transita de um padrão para outro nessa troca arquetípica. Nenhum dos elementos permanece estático. Tudo está em processo – morte, sacrifício, decadência, renascimento – como parte do dinamismo do Grande Círculo da vida.

Do ponto de vista da psicologia, o aspecto processual da troca é vivido como algo lento e doloroso. Sentimo-nos identificadas com o aspecto de que estejamos mais próximas e raramente conseguimos sentir o alívio parcial proporcionado por momentos de lucidez em que podemos enxergar o padrão por uma perspectiva transcendente. Embora nossa depressão e o sacrifício de nossas ilusões e nossos ideais incompletos sejam modos de realizar o intercâmbio da libido, de modo análogo ao ritual do mito, o processo é uma agonia, que piora quando nos culpamos por estarmos deprimidas. Somos forçadas a oferecer o que estimamos, o que pagamos caro para alcançar. E não podemos nem saber se a perda será recompensada da maneira que desejamos. O sacrifício pode mudar o equilíbrio de energia em algum ponto do sistema psíquico total, onde nem desejávamos mudar nada. Só podemos saber que viver a renovação e a conexão com as forças potentes do mundo inferior envolverá a ruptura com o padrão antigo, a morte de uma *gestalt* com a qual estávamos acostumadas em algum nível, a morte de uma identidade aparentemente completa. Muito dificilmente nos acercaremos desse desmembramento se nossa dor já não for muito intensa.

A necessidade de Inanna de se recuperar no seu aspecto de mundo inferior está implícita na noção da bipolaridade no campo único de energia da deusa. (É assim que Hera se retira anualmente para seu banho rejuvenescedor e de recuperação virginal.) De maneira mais específica e psicológica, para a filhinha do papai a necessidade do descenso está implícita no lamento de Inanna ao deus Céu por conta de estar desabrigada. Ela foi destituída e perdeu o foco de sua autoaclamação e de sua autoaceitação.

Precisa sacrificar sua dependência dos deuses patriarcais a fim de achar seu verdadeiro lar no feminino fundamental e nas bases processuais de ser. Na condição de filha, irmã e hierodula dos deuses masculinos do céu, ela experimentou a diminuição de sua própria potência, o que tantas de nós conhecem (e até apreciam) quando nosso relacionamento primário é com parceiros masculinos e nosso *animus*, e por meio deles.

Em certo poema, Inanna desiste de sua escolha do deus lavrador para marido a fim de aceitar o pastor Dumuzi, porque seu irmão, o deus do Sol, insistiu nesse enlace.[105] Inanna não ficou firme em seus próprios sentimentos objetivos. Foi persuadida. Talvez isso fosse inevitável ou até necessário para ela, mas como hetaira (acompanhante) que fornece e serve aos prazeres da vida e aos deuses masculinos, ela sempre corre o risco de se perder quando estimula vínculos de subserviência. Ela precisa retornar à deusa feminina escura e inaceitável para renovar a própria potência, não para usá-la como escudo de defesa – tal como Atena retomou a conexão com a Górgona e assumiu seu rosto terrível –, mas reestruturada, renascida em um processo interior e conectada com a gama inteira de padrões instintivos femininos.

A descida como regressão terapêutica controlada

O que vi e vivi em mim e em outras mulheres que são filhas bem-sucedidas do coletivo, muitas vezes filhas sem cuidados maternos do *animus* e do patriarcado, é que sofremos de uma falha básica (expressão de Michael Balint). Não temos uma noção adequada de nossas próprias bases, nem da conexão com nossas necessidades e forças corporificadas, adequadas a nos proporcionar um ego feminino processual, resiliente, com equilíbrio yin-yang. Existe um defeito nos níveis básicos da nossa personalidade, uma cisão profunda, mantida pela lealdade aos ideais do superego que não funcionam mais para promover a vida, uma lealdade que mantém o ego alienado da realidade, no modo regredido, inflado e identificado com o Self. Por isso, precisamos passar por uma "regressão controlada" que nos leve ao nível da fronteira com o mundo inferior da deusa escura; de volta a nós antes de termos a forma que conhecemos; de volta ao nível mágico e arcaico da consciência e às paixões e iras transpessoais que tanto nos destroem como constroem; de volta ao corpo-mente e ao estado túmulo-útero pré-verbal, buscando a retomada do feminino profundo, da "mãe dual" sobre a qual Jung escreve.[106]

Durante a descida, descartamos a identificação com o *animus* e as defesas contra ele, introvertendo até alcançarmos níveis primordiais inicialmente humilhantes e aniquiladores, mas, enfim, mais seguros. Ali, podemos aprender a sobreviver de maneira diferente e esperar pela oportunidade de renascer. Às vezes, esperamos muito tempo, presas no processo de conhecer nossas origens primordiais por uma nova perspectiva, sentindo liberdade em relação a velhos significados, como se estivéssemos em estado de suspensão, sem vida. No fundo do mundo inferior, as energias caóticas e opostas do Grande Círculo combatem em nosso íntimo, enquanto nos sentimos sem energia. Elas desmembram o antigo complexo do ego-*animus* e suas identificações defeituosas.

O trabalho nesse nível da terapia implica os afetos mais profundos e está inevitavelmente associado aos processos "infantis" pré-verbais. A terapeuta deve estar disposta a participar onde for necessário, muitas vezes trabalhando no nível do corpo-mente, onde ainda não existe uma imagem da consciência do outro e em que instintos, afetos e percepções sensoriais começam primeiro a configurar uma sensação corporal que pode ser intensificada para produzir uma lembrança ou imagem. Silêncio, uma atenção afirmativa de espelhamento, tocar, abraçar, vocalizar e cantar, fazer gestos, respirar, realizar atos não verbais como desenhar, brincar na areia, moldar argila ou armar estruturas com blocos de montar, dançar – todas essas opções têm seu momento e lugar.

Nesse nível mágico e matriarcal, os elementos rituais são potentes e precisam ser respeitados e até mesmo encorajados. Os gestos e as encenações do psicodrama podem ser úteis no sentido de criar ou recriar um espaço, uma emoção, um significado, um padrão arquetípico. Mas, principalmente, a terapeuta deve ser guiada pelas poderosas conexões afetivas da transferência-contratransferência e pelas imagens de sonhos e fantasias, para sentir aonde e como os processos querem seguir. A atitude terapêutica consiste em dar uma permissão ativa a cada pessoa para que esteja consigo mesma de todas as maneiras necessárias. Isso pode levar a todas as espécies de improvisação criativa – ações, gestos e permissões, tanto simbólicos como literais – para tocar o pré-ego oculto e regredido e ajudá-lo a aprender a se sentir válido e a confiar.

Esse comportamento maternal e provedor, assim como a companhia que representa, surte efeitos profundos, embora esses sejam em geral mantidos em segredo ou não sejam verbalizados. Esse impacto talvez seja revelado somente nas imagens oníricas ou mencionado, anos depois, como momentos decisivos do trabalho. Muitas vezes, uma parte desse efeito se deve à sensação da paciente ou da analisanda de que essa aceitação e essa participação vão além dos parâmetros convencionais da terapia verbal e, portanto, sugerem a disponibilidade da terapeuta a "não ser ortodoxa", desafiando inclusive proibições do superego. Essa postura parece levar a outra pessoa a sentir lá no fundo que tem uma aliada e que está sendo validada no nível arcaico-matriarcal. A analista – ao servir como receptáculo de projeções arquetípicas – deve aceitar os sentimentos profundamente individuais da outra pessoa e suas necessidades, dando mais importância a esses conteúdos do que a convenções coletivas abstratas e impessoais.

Jung escreve que a descida até o nível planetário é "o caminho para baixo, o caminho do yin... [para] a terra, a escuridão da humanidade".[107] É a essa descida que a deusa Inanna e nós, mulheres modernas, devemos nos sujeitar, indo rumo a esses lugares profundos, rudimentares, onde os extremos de beleza e repugnância se dissolvem ou nadam juntos em um estado paradoxal e aparentemente sem sentido. Até mesmo a rainha da beleza se torna carne podre e crua. A vida perde seu sabor. Porém, esse é um processo sagrado – inclusive o apodrecimento –, pois representa a submissão a Ereshkigal e aos mistérios destrutivo-transformadores que ela simboliza.

VI

Despir-se e Atravessar os Portões

Despir-se

O processo por meio do qual a deusa estelar se sujeita a uma existência concreta, a encarnar, implica em se despir. Esse motivo sugere a remoção de antigas ilusões e falsas identidades que podem ter funcionado no mundo superior, mas que de nada servem no mundo inferior. Aí, a pessoa está nua diante dos olhos da deusa escura, que tudo veem. Despir-se significa despojar-se, ficar nua em pelo; é a deusa despindo-se para si mesma: o *strip-tease* original, que fala da necessidade de ficar radicalmente exposta, desprovida de defesas, aberta a ter a alma perscrutada pelos olhos da morte, pelos olhos escuros do Self.

Jung diz que, muitas vezes, "despir-se simboliza a extração da alma"[108], e cita um texto alquímico: "Dispa-me para que minha beleza interior possa ser revelada".[109] A beleza interior é a alma, filha do Sol e da Lua, mas, como Jung acrescenta, "despir-se significa putrefação" também. Na alquimia, "o *nigredo* pode ser representado como 'o traje da escuridão'".[110]

Assim, tanto a putrefação como a extração da alma são simbolizadas no despir-se, pois a roupa é a carne da encarnação e a morte é remover a vestimenta mortal. Para o ser humano, despir-se – quando encarnado como ego-corpo – é um modo de desencarnar, o fim de uma forma da existência do ego-corpo e a revelação do Self oculto. Por outro lado, para a deusa estelar e para as filhinhas do papai inadequadamente encarnadas, despir-se é um modo de corporificar a alma na matéria telúrica.

Despir-se também se associa ao exibicionismo, a ficar necessariamente nua perante a deusa. Para nós, isso muitas vezes significa despir-se perante o Self e, assim, sentimo-nos expostas, em especial quando os pais e outras pessoas que primeiro representaram o Self fizeram pouco caso de nós no início da vida. Não obstante, é ousar esse desnudamento que permite a validação do ego-corpo perante o Self ou a Grande Mãe. Quando revelamos tudo, encontramos a aceitação objetiva que vem dela para todas nós. Fomos vistas e, portanto, podemos existir, mas devemos nos despir e nos mostrar nuas.

Esse processo de se despir é muito difícil para a filhinha do papai (e, provavelmente, não é por acaso que Atena tenha nascido com toda a sua armadura), pois significa desistir tanto da defensividade como das ilusões de identidade proporcionadas pelos privilégios do mundo superior, por aqueles papéis e signos de poder e *status* recebidos do patriarcado e que servem como identidade de *persona* substituta para a mulher que é a empregada doméstica dos pais e do *animus*.

Para a terapeuta que trabalha nos níveis mais profundos, esse despir-se também é essencial, ao lhe permitir ser penetrada pela realidade da outra pessoa, pela plena força dos afetos, sem que ela se defenda atrás de sua *persona* profissional. Só assim é que podemos nos orientar de maneira honesta pela realidade interior vivida. Só assim é que podemos evitar isolar a outra pessoa em uma falsa subjetividade, experimentada como infernal, quando entendemos tudo como projeção e a recusamos. No âmbito do feminino escuro, não há possibilidade de nos esconder. Somos descobertas por nossos sonhos e pela reverberação de nossos próprios complexos. Nos níveis mais profundos da transferência-contratransferência, o externo e o interno se fundem e dois indivíduos compartilham uma única realidade psíquica no campo energético da *participation mystique*. Por isso, muitas vezes é difícil discernir que afeto ou imagem pertence a quem. O mito nos diz que isso faz parte da lei do mundo inferior: quem desce deve se despir. A analista e a analisanda se encontram em um único receptáculo profundo para sofrer o processo de casamento-morte-transformação exigido pela deusa.

O significado esotérico de se despir, assim como seu significado oriental, como nos diz o *Bhagavad-Gita*, é o de nos livrar das identidades: "Tal como a pessoa se livra das roupas velhas e veste novas, o ser interior se livra do corpo usado e entra em outro, que é novo". A descida e o retorno da deusa Inanna, como os mistérios de Elêusis, transmitem a mensagem de uma vida interior inextinguível. Os estudiosos entendem que os sumérios e os acadianos não acreditavam em reencarnação, embora a Ereshkigal acadiana guardasse a água da vida e a tivesse usado para reanimar o cadáver de Inanna. Esse motivo talvez tenha mais ligação com o renascimento e a reiluminação da consciência. Inanna descarta as velhas identidades, é reduzida à matéria primordial e depois renasce. Nesse sentido, as pessoas que passam por uma iniciação em um processo sagrado descartam a antiga identidade e assumem uma nova. Despir-se faz parte do processo de iniciação.

O motivo do despir-se também pode conter indícios dos estágios preparatórios para a prostituição sagrada. Tal como as freiras modernas, destituídas de sua identidade secular, também as sacerdotisas dos templos de Inanna podem ter experimentado um processo semelhante, inclusive com a morte pela iniciação na cruz do falo impessoal de algum homem, o que as abria à experiência da própria sexualidade como um aspecto de seu serviço à deusa.

De outro ponto de vista ainda, quando Inanna se despe há a sugestão de que ela – como a iniciada, sua seguidora – está ciente de diferentes níveis da consciência. Os sete adornos da realeza cobrem-na na altura dos chakras da *kundalini*. Ela usa uma coroa, um cetro ou brincos de pingente (conforme a versão do mito), um colar, pedras peitorais, um anel de ouro ou uma cinta [cinto pélvico], pulseiras e uma peça de roupa de baixo de rainha (chamada de "culote" na versão acadiana). Têm havido estudos sobre a correspondência com cada chakra, conforme ela descarta e retoma cada um desses objetos.[111] Ela é levada para baixo até o *muladhara* despido – a matéria rígida e inerte da encarnação, o chão absoluto dos fatos e da realidade corporal. Ela desce do plano da coroa real, com sua bem-aventurada união de opostos (Inanna como a deusa que preside tais relações) e consciência cósmica, e chega à pelve, alcançando o chakra da base em que o potencial para a vida dorme e é restaurado por outra paradoxal união de opostos.

Os portões

Os sete portões da casa de Ereshkigal têm analogias no material egípcio. Neumann descreve "as sete habitações do mundo inferior... [como] os sete aspectos do Feminino".[112] Segundo o autor, no Egito, as guardiãs dos portões são "manifestações da Grande Deusa em seu aspecto predominantemente terrível".[113] Essa diferenciaçao dos monstros do mundo inferior sumério-acadiano aconteceu muito antes de o mito da Descida ser escrito. Neste, existe uma só guardiã: Neti. Os portões podem estar mais precisamente relacionados com as sete posições planetárias com as quais o planeta Inanna Ishtar se moveria em sintonia durante sua descida e seu retorno; os sumérios mantinham observações astronômicas exatas dos planetas, incluindo os retornos de Vênus,[114] cada qual com suas correlações metálicas e psicológicas específicas.[115] Aprofundar ainda mais a discussão dos significados específicos dos portões, neste ponto, nos afastaria bastante do tema, ao nos levar à psicologia dos chakras e dos planetas, à sua significação simbólica e instintiva, e ao papel da terapeuta ao lidar com tais energias.

Os portões também são estágios de um caminho iniciático e sacrificial, como as estações da Paixão de Cristo. Como motivo, podem aparecer no material onírico moderno em diversas versões. Uma mulher sonhou com a figura de uma Marilyn Monroe inocente, que caía através de sete sacadas e sofria uma morte sangrenta. Esse sonho pressagiava uma intensa depressão e a apresentação da paciente a afetos primordiais que, ao irromperem, revelaram-lhe a profundidade de sua psique. Uma outra, que sonhou que precisava passar sua urina por sete coadores, disse: "Preciso tomar cuidado quando descer pelas camadas do covil das chamas. Meus sentimentos virão à tona e destruirão tudo". Ela entendia o processo analítico como uma possível descida ao inferno, em que seus controles estritos não atendiam mais à sua vida. O cuidado com que seu processo lhe permitiu descer tornou o trabalho menos precipitado do que o da primeira mulher, assegurando que sua psique garantia um ritmo ajustado à sua necessidade.

VII

Testemunhar e Buscar a Sabedoria

Ninshubur

Antes da descida, Inanna preparou uma estratégia para seu resgate e instruiu Ninshubur a executá-la se não retornasse da jornada após três dias. Inanna havia previsto que precisaria de ajuda, caso ficasse presa no mundo inferior, um motivo recorrente em muitas mitologias e na prática clínica.

Como fiel assistente de Inanna, Ninshubur dá evidências da organização sacerdotal nos templos dos deuses e das deusas sumérias. Os templos tinham serviçais, como as residências. Ninshubur, cujo nome quer dizer "Rainha do Leste", era a auxiliar direta ou a vizir da Grande Deusa. É o braço executivo e terreno de Inanna, convocada toda vez que a deusa necessita de ajuda em suas necessidades e projetos. É quem conduz o noivo real ao leito da deusa. Quando Inanna ludibriou o *me*, os princípios que organizam o mundo, extraindo-o de Enki depois de embriagá-lo, a deusa chama Ninshubur para assegurar que ambas cheguem em segurança ao templo de Erech. Ninshubur também afugenta os ferozes emissários do deus da sabedoria, enviados para recuperar o *me* de Inanna.

No mito da Descida, Ninshubur é aquela a quem Inanna confia seu resgate. Ela é a serviçal que avisa os homens e as mulheres que sua senhora está desaparecida há três dias, perdida no mundo inferior, e em seguida apela aos deuses do Céu para que intercedam a favor da deusa.

Do ponto de vista psicológico, ela parece representar aquela pequena parte em nós que permanece acima enquanto a alma desce, o aspecto psíquico ainda consciente e funcional que pode testemunhar os eventos que se dão abaixo e acima, e se preocupa com o destino da alma. É a parte da terapia que se abre aos sentimentos e a assumir responsabilidade, enquanto a maior parte da energia da paciente está embaixo, no inconsciente; é a parte capaz de manter a aliança terapêutica. É análoga à consciência funcional, humilde, forte e notável que pode permitir que a vida continue, pode prevenir um episódio psicótico e a perda total da alma, pode persistir na jornada em busca do que é necessário. É a porta-voz do Self, aquela que ouviu Inanna, que acompanha o passar dos dias e, mobilizada por um sentimento profundo, alerta para a necessidade de trazer a deusa de volta. Para mim, Ninshubur é um modelo da função sacerdotal mais profunda da mulher, a função que reflete o Self e atua em nós como a que simplesmente executa os comandos do Self, muitas vezes quando a alma está mais ameaçada.

Nos poemas em que é mencionada, Ninshubur não tem vida própria, nenhum atributo específico além de sua capacidade de servir. Ela apenas põe em prática com precisão e competência o que a deusa lhe pede. Em sua obediência cega e desprovida de ego, ela é quase invisível; na verdade, se veste como uma mendiga a pedido de Inanna. Não obstante, é da integridade, da reverência e da capacidade de agir de Ninshubur, a "serva fiel", que depende a reviravolta no mito em que Inanna renasce e é devolvida ao mundo do Grande Acima. Como a deusa diz no poema, "foi ela que me salvou a vida".[116]

Uma mulher telefonou para a terapeuta para dizer que estava tendo pensamentos suicidas e se percebera devorando e vomitando um grande bolo de chocolate. Em terapia, tinha tomado consciência de que seu comportamento voraz era uma maneira de se nutrir quando se sentia ferida, e pôde fazer uma conexão difusa com sua atual angústia diante do medo de ser rejeitada por uma figura masculina de autoridade. Ao começar a não mais se identificar com seu padrão habitual de ser inconscientemente levada a atitudes impulsivas, geradas pela culpa, sentia-se desesperada, tão desesperada que resolvera ligar para a terapeuta, embora "telefonar fosse uma atitude abjeta de dependência e humilhação". Esse testemunho e esse pedido explícito de ajuda eram um comportamento novo para ela, um comportamento que revelava o nascimento de sua função Ninshubur, ou seja, a capacidade de ver e agir em prol do valor da própria alma e suas necessidades.

A busca em fontes erradas

Inanna diz a Ninshubur que procure primeiro o deus Céu, Enlil, o pai principal de todos, e depois Nanna-Sin, seu próprio pai, o deus da Lua, e por fim Enki. Por que ela não envia Ninshubur para sua mãe ou para Ninhursag, a Mãe Terra? Os poetas da cultura de Inanna, já então e infelizmente, entendiam que ela valorizava mais o poder masculino do que o das mães. Talvez por ser a hierodula dos deuses, ou talvez por perceber sua potência cultural maior. De todo modo, na busca da atitude necessária a ajudá-la em sua maior aflição, ela está enganada quanto a suas escolhas iniciais. Ela recorre primeiro a fontes aparentemente poderosas, mas na realidade incapazes ou inflexíveis.

Em muitos momentos da terapia, vemos a busca de ajuda em fontes erradas, quando a paciente insiste em apelar a quem, em princípio, irá rejeitar seu pedido (dizendo que "aquela necessidade é coisa de criança"), ou alegar que é uma perspectiva irreal, que há diferenças tipológicas ou de nível de consciência. Como o poderoso arquétipo parental foi de início projetado em quem não podia validar de maneira adequada a mulher como indivíduo, ela continua esperando ajuda dessas fontes inflexíveis. Somente depois de tentar repetidas vezes e de ficar presa no inferno de se sentir carente e ressentida, ou inclusive de se voltar contra o impulso da própria necessidade (identificando-se com o superego, o deus agressivo coletivo), é que ela pode aprender a se afastar.

De fato, uma boa parte da terapia diz respeito a aprender a abandonar os padrões antigos e aprender a seguir na direção de fontes que realmente ofereçam autovalidação e a alimentem. Somente no processo de aprender a preencher a estrutura arquetípica parental com um novo conteúdo é que a pessoa se dá conta de que o defeito não está em sua necessidade ou em seu apetite pela vida, mas no fato de que a busca foi dirigida a uma fonte errada.

Os deuses do Céu e da Lua não ousam ou se recusam a resgatar Inanna, presa no mundo inferior em um lugar de imobilidade e morte. Esses dois deuses representam o respeito patriarcal impessoal pela lei e a ordem, muito distante da modalidade de sua "filha" Inanna e do feminino escuro. Para eles, Inanna é apenas ambiciosa e "deseja" demais. Eles a veem através da projeção de sua própria sombra taurina. E citam a regra segundo a qual "quem vai para a Grande Morada fica lá".[117] Parecem quase desdenhosos, felizes por ela receber uma punição. É dessa mesma maneira que o superego e os que vivem sob suas leis rígidas abandonam os indivíduos e os apetites que ousam ir além dos limites convencionais coletivos ou se vingam deles. As forças no poder não prestam ajuda aos que se extraviam.

O deus da Lua

É interessante que o deus da Lua, Nanna-Sin, tantas vezes descrito como senhor das mulheres, pouco se importe neste mito com o padecimento de Inanna. Na Suméria, Nanna é descrito como o poder de iluminar a noite, de medir o tempo, de proporcionar fertilidade a pântanos, juncos e rebanhos. Também é administrador e juiz no mundo inferior, na época da Lua escura. Mas, acima do horizonte, é menos ordenado. Diz-se que casou com sua esposa, Ningal ("a grande senhora", deusa do junco), impetuosamente, sem pedir o consentimento do pai dela, Enki.[118]

Nanna também é associado aos reis de Ur. Fazem parte de seu culto casamentos sagrados e purificações periódicas. Em geral, ele não tem interesse pelos filhos. É distante, movimenta-se no seu próprio ritmo e seus filhos não se relacionam com isso. Um mito, inclusive, fala que Utu (o deus do Sol, irmão de Inanna) e Inanna foram seduzidos a apoiar os inimigos e provocar o eclipse de seu pai, a Lua. Já os irmãos são muito próximos: Utu influencia a escolha de marido pela irmã (embora a abundância do pastor Dumuzi seja vista como resultado do efeito fertilizador da Lua).

Para Inanna, o princípio paterno não é mediado por um relacionamento pessoal. Há inclusive a sugestão de um antagonismo entre pai e filha, o que tem muito a ver com a rivalidade entre as cidades de Ur e Erech e suas divindades titulares. Mas sugere também alguns dos problemas psicológicos de ser filha de um pai lunar. No mito, Nanna se limita a repetir as palavras do pai principal, Enlil. Ele tem inveja do próprio poder e luminosidade, mas de modo inconsciente se alia à regra abstrata do *senex*. De modo defensivo e desdenhoso, ignora a filha, envolvido demais como está com sua esguia *anima* conjugal, Ningal, a deusa do junco, e suas próprias mudanças, purificações e produtividade.

A filha do pai *puer* desse tipo em geral chega à análise com uma fachada de autossuficiência: é a heroína, com uma sedução arrebatadora, mas represada. É a mulher que se desespera para conquistar a atenção do pai, exceto por pouco tempo e de maneira inconsciente, muitas vezes como objeto sexual, e fica presa na necessidade de se defender, enquanto tenta se provar igual e digna dos elogios paternos. Ela vive a cisão de sua sensualidade, captura os homens e/ou suas realizações, mas essa mulher não sente ternura e tem pouca consideração por si mesma. Fica para sempre focada na busca da bênção e da atenção pessoal do pai, tentando inclusive eclipsá-lo para satisfazer essa necessidade. Clama por ele de múltiplas maneiras, sempre esperando a rejeição desse indivíduo frio, desinteressado e narcisista.

VIII

Consciência Empática e Criativa

Enki: deus da água, da sabedoria e da criatividade

No mito da Descida, há um "pai" que é prestativo: Enki. Seu nome quer dizer "senhor da terra" (como Poseidon). Ele é o deus da sabedoria e da água astuciosa, regente do fluxo dos mares e dos rios. Vive na região abissal. Em diversos mitos, tem uma proximidade especial com Inanna. Neste mito, é quem inicia o processo de soltura da deusa.

Enki é uma divindade notável. Na Suméria, suas águas eram equiparadas ao poder fertilizador do sêmen e do líquido amniótico.[119] Nos selos cilíndricos (em sua forma acadiana posterior como Ea), é representado com um jarro que verte água. Essa representação lembra a constelação de Aquário, o Portador da Água, mas Enki é mais vezes equiparado a Capricórnio, o bode com rabo de peixe[120], capaz de atravessar o mais fundo e o mais alto, e é o verdadeiro complemento da Grande Mãe em seu signo de Câncer. Desse modo, compartilha a ligação tanto com Ninhursag (originalmente chamada Ki – terra –, a contraparte ancestral de Enki) como com Ereshkigal.

Enki é o homem gerador, criativo, lúdico, empático. Como Mercúrio, inclui os opostos e não tem uma sujeição abstrata ao princípio da lei. Embora se diga que Enki criou o *me*, os princípios ordenadores do mundo superior e da civilização, sua ordem é criativa, não estática e preservacionista. É o portador da cultura, não o mantenedor do *status quo*. Sua sabedoria é a da improvisação e da empatia. Como é dotado de uma amplitude bissexual (diz um mito que teve uma gestação com oito fetos), pode penetrar qualquer necessidade, inclusive no mundo inferior. "Somente... a consciência [de ambos os sexos] pode penetrar o mundo invisível de Tanatos e de todos os componentes psíquicos da natureza humana que derivam da morte."[121] A consciência de Enki é como a do segundo chakra, *svadhisthana*, em que "confiar na vida e em si é a sabedoria das águas maternas". A confiança, a fluidez, o êxtase e a aceitação fecundadora do que é – atributos do modo de consciência do segundo chakra – podem "curar os males estáticos do primeiro [chakra]" e os do terceiro, apegado ao poder.[122] A sabedoria de Enki flui, rompe e liberta da inércia e da rigidez do mundo inferior. No mito sumério, são as águas de Enki que se opõem à deusa do deserto. *Kur*, chamado de reino de Ereshkigal, também é um termo para deserto. São as águas de Enki que restauram a terra devastada e simbolizam o fluxo interminável das energias da vida.

Tal como o fluxo do afeto da libido, essas águas nos levam de volta à vida após uma depressão que parece a morte. Certa mulher expressou sua experiência desse retorno:

> Não vou me segurar. Vou deixar fluir, destroçar, ser detestável. Vou soltar as minhas reações. E daí? Queiram ou não queiram. [Pausa no depoimento] Só de dizer isso alguma coisa muda. Sinto que tem um fluir junto. Todas aquelas necessidades e toda a inveja. É uma sensação estranha, como respirar fundo. [...] Pode ser uma cura para o meu lugar morto, seco. [...] Além disso, essas águas nunca param, enquanto existir vida em mim. Não tem fim urinar e cuspir.

Assim, as emoções dela se abriram e puderam ser expressas, porque ela conseguiu parar de se proteger, usando o modo antigo e inibido. Conseguiu confiar que sua analista receberia o fluir. Pôde abrir mão das inibições que tinha aprendido e de sua necessidade de cuidar de sua cuidadora.

Esse fluir faz parte da energia simbolizada pelas águas de Enki, que também é o deus escultor criativo, chamado de "criador da imagem" e deus dos artesãos e dos artistas, "deus da forma original, o arquétipo".[123] É um dos criadores dos homens, em uma disputa com a deusa da Terra na qual usaram argila para fazer várias formas de vida humana; enquanto ela criou as deformidades, ele encontrou papéis na vida para elas preencherem. Ele improvisa interminavelmente a fim de criar o que o momento necessita, dando pouca importância para as regras e os precedentes dos deuses patriarcais e seus elevados princípios. Assim, muitas vezes é convocado para tirá-los de impasses trabalhosos. Em muitos poemas, Enki serve de fonte de resgate ou conquista o caos que tanto temem. Muitas vezes, faz a mediação entre o mundo dos pais e o feminino. Sempre flui de maneira criativa com a vida e, portanto, contém a possibilidade de reestruturar por completo o sistema, com base em seu próprio ímpeto. No mito da Descida, rompe a inércia do paradigma legalista-defensivo com uma abordagem totalmente nova. Em vez de acatar os precedentes e as leis, inaugura um novo processo quando recorre ao que era ignorado até então: ele flui com os sentimentos.

Enki remove um pouco da terra que estava sob sua unha pintada de vermelho[124], uma matéria insignificante, rejeitada e inclusive previamente invisível, resíduo do processo criativo maior. Terra é o elemento do chakra *muladhara* e de Ereshkigal. É a substância encarnada que corresponde à energia da matéria e da carne que Inanna tinha se tornado no mundo inferior. É também o lodo do leito dos rios de Enki, o barro que serviu de material primário para a construção das cidades sumérias e a confecção das tabuletas que preservaram a escrita cuneiforme. Esse é o material com que a cultura suméria se corporifica e presta testemunho. No mito, é o barro do qual homens e mulheres foram criados.

No processo analítico, essa terra é análoga à *prima materia*, à reatividade não premeditada, básica, rudimentar, aberta a todas as possibilidades porque é da mesma substância que o meio criativo do deus criador. Com isso, constitui o material emocional básico do processo analítico, assim como da vida em geral. Sua vasta potência está oculta nos pequenos, mas poderosos, lampejos autônomos da emoção, nos detalhes concretos, envolventes, vibrantes e dolorosos, nas fantasias arrebatadoras que praticamente nos fogem ou foram mascaradas. A terra debaixo da unha é como a psique autônoma, tal qual é revelada nos fatos pequenos, pessoais, do aqui-e-agora, plenos de afeto, fatos que não são grandiosos, nem dão prova de desempenhos eficientes, tal como o superego teria preferido, mas que são a escória desprezada dos processos da vida: sólida, sutil e capaz de mudar radicalmente a perspectiva analítica.

Figuras que refletem a deusa escura

Com a terra debaixo de sua unha, Enki cria duas pequenas figuras de serviçais que lamentam a morte: os pranteadores *kalatur* e *kurgarra*. Essas figuras são descritas como "devotas assexuadas"[125] ou como "criaturas que não são nem masculinas, nem femininas".[126] Talvez sejam hermafroditas ou andróginas, polimorfas, que participam do Grande Círculo, dada sua própria falta de diferenciação sexual. Nessas figuras, os opostos macho e fêmea ainda não foram diferenciados. Desse modo, não corporificam a consciência como a discriminação baseada em recortar, separar e ser adversária, mas a consciência como empatia e espelhamento. Por isso, podem se infiltrar e chegar a Ereshkigal, atravessando os portões sem dificuldade, "como moscas que atravessam voando as fendas nas portas".[127] São criaturas humildes, não heroicas, sem definição nem necessitando de uma definição que as separe, desprovidas de qualquer noção do que chamaríamos de necessidades do ego. Essas pequenas criaturas assexuais representam a atitude necessária para obter a bênção da deusa escura.

O que Enki lhes diz que façam é exatamente o que os terapeutas fazem nos lugares abissais pré-verbais e primordiais, nos quais corpo e psique se encontram em uma fronteira, onde tudo é sem tempo e sem espaço, e onde imperam os padrões do nível mágico da consciência.[128] Essas criaturas se aproximam da deusa, ignorando as leis e a distância do mundo superior. Então, testemunham e espelham com empatia, em vez de com uma identificação inflacionada que perde toda noção de separatividade entre Eu e Tu. Sua capacidade é criada. Veem, sentem e padecem juntos. Ao honrar a deusa, expressam o sofrimento de existir que Ereshkigal agora sente, pois a consciência adentrou seus domínios e, com ela, a consciência da dor. Elas a confirmam em seu sofrimento. Foram ensinadas por Enki a confiar na força vital, mesmo quando repercutem o sofrimento.

Queixar-se é uma das vozes da deusa escura, uma maneira de expressar a vida, válida e profunda na alma feminina. Antes de mais nada, não está em busca de alívio, mas de simplesmente declarar a existência das coisas como são vividas por um ser sensível e vulnerável. Essa é uma das bases da função sentimento: não ser vista nem julgada uma *qvetching* [iídiche, *kvetching*, "chorona"] tola, passiva, lamentosa, do ponto de vista do superego estoico e heroico, mas somente como um fato autônomo: "é como é". A sabedoria de Enki nos ensina que sofrer junto faz parte de reverenciar.

Os pranteadores criados por Enki gemem com Ereshkigal. Quando ela diz: "Ai! Oh, dentro de mim!", eles repetem em eco "Ai! Vocês que suspiram por nossa rainha. Oh, dentro de ti!". Quando ela diz "Ai! Oh, fora de mim!", eles repetem em eco, dizendo: "Ai! Vocês que suspiram por nossa rainha. Oh, fora de ti!".[129] O eco que criam forma uma litania, transforma a dor em poesia e prece. Da sombria infelicidade da vida, o eco compõe um cântico à deusa, estabelecendo a arte como uma resposta reverente, criativa e solidária com as paixões e as dores da vida, e mostra a força dessa litania, pois, entoando um cântico de espelhamento, resgatam a deusa da vida. De Ereshkigal não procede mais a destruição, mas a generosidade. A deusa da natureza é grata pelo espelhamento humilde, por ouvir o cântico dirigido a si. Fica comovida com essa manifestação precisa de empatia, e então dá esta resposta às pequenas criaturas:

> Sejam vocês quem forem,
> [Porque] disseram "de dentro de mim para dentro de si",
> "De fora de mim para o fora de si",
> Se são deuses, direi uma palavra [boa] sobre vocês.
> Se são homens, decretarei um destino [bom] para vocês.[130]

Vemos que essa transformação acontece em terapia quando a infelicidade é aceita e reafirmada. Duas mulheres expressaram como sentiam essa transformação:

> Como você me atura? A única coisa que eu faço é reclamar. Não te dou nada. Rejeito tudo que você me oferece, inclusive

o espaço para ser eu mesma. [Decorrido algum tempo depois dessa fala, a paciente ousou cair no sono, finalmente confiando na aceitação da terapeuta.]

Posso chorar sozinha. Isso é fácil. É chorar junto... não quero respostas, só alguém que fique comigo quando eu choro. Isso muda alguma coisa dentro de mim. Sinto a esperança e a vida voltando do fundo, como o débil borbulhar de uma nascente: primeiro quase congelada, depois lamacenta, e por fim um regato de água limpa.

Dentro e fora

A terminologia de Ereshkigal e dos pranteadores tem um significado: dentro e fora. Isso define uma região limítrofe que é um dos primeiros parâmetros de consciência na infância. Esse limite é muito indistinto nos estratos mais profundos do complexo da mãe, pois o de dentro e o de fora tendem a se fundir e a fluir no nível mágico da consciência e no âmbito do vínculo simbiótico (como quando a mãe sente as necessidades do filho como se fossem suas e a criança capta as emoções inconscientes de sua mãe). Do prisma analítico, entendemos esse movimento como uma identificação projetiva das reações de transferência e contratransferência. Inclusive, Eu e Tu têm tanta fluidez no âmbito dessa *participation mystique* que, muitas vezes, não existe uma noção clara de objetividade e diferença entre os limites psíquicos das duas pessoas. Em vez disso, há um sentimento de união e intimidade que pode ser sintonizado por meio de percepções cinestésicas e intuitivas sutis.

O limite entre dentro e fora, entre Eu e Tu, é o primeiro, o derradeiro e o mais misterioso dos portões da casa de Ereshkigal. Esse é o lugar da membrana osmótica entre filho e mãe, entre si mesmo e o outro, entre si e os deuses. É o portão além da existência encarnada que conhecemos (ou de saída dela): o portão de nascimento, onde o que estava dentro, fundido, vem para fora, e o portão da morte, por onde retorna o que estava separado. É um lugar análogo ao horizonte onde Inanna, como estrela, traz a madrugada e o entardecer. É o ponto da encruzilhada em que dois se tornam um e um se torna dois. Para nós, a experiência do fluxo da identidade ilimitada, percebida no cruzamento, deve ser nutrida na consciência arcaica, como a bem-aventurança ourobórica que permite que a vida desabroche e que a consciência se expanda ou se dissolva. Fluir até a conscientização do limite é começar a encontrar as bases do próprio ser em separado. Com frequência, quando vivemos esse limite, é com a consciência nascida do sofrimento e da perda. Ou estamos cientes da perda da bem-aventurança e da fusão quando atravessamos o limite e chegamos à sensação de sermos separadas, ou podemos viver a perda da autonomia individual quando nos fundimos ou somos tragadas e nos dissolvemos em um recipiente maior. Porém, não podemos existir sem as duas experiências.

Para a consciência feminina receptiva, o limite não é algo ordenado que separa o "eu" percebido do que é vivido como "não eu".

Não se trata de uma barreira fixa, demarcando uma noção clara de identidade individual em oposição a outrem, percebido como o objeto da ação heroica. Em vez disso, trata-se de uma fronteira permeável, facilmente invadida por sentir o outro de modo empático, uma capacidade de perceber junto com ele e compartilhar a presença emocional do outro.

O indivíduo para quem essa fronteira é inflexível ou permeável demais, devido à falta de validação e a limites defeituosos (rígidos demais, com seus julgamentos negativos e carências, ou aberto demais, com infantilizações sufocantes), sofre a falta da capacidade para definir o que é de dentro e o que é de fora, e a falta de uma capacidade para fluir através da fronteira, para fora e voltando. Às vezes, o limite só é sentido como uma confusão. Certa mulher contou um sonho e fez comentários a respeito durante uma fase em que se sentia saindo da segurança do que ela descrevia como o "sistema de definições do pai": "Sonho que olho através de uma parede de vidro e vejo uma mulher do lado de fora. Ela está na cama, vestida ou debaixo de um couro de cobra. O que está dentro? O que está fora? O que é real? Sinto como se a minha vida inteira estivesse desmoronando". Mas ela estava disposta a encarar a confusão. Outra mulher tentava desesperadamente preservar o controle de sua desorientação mantendo rigidamente separados o dentro e o fora. Ela dizia que "há dois tipos de relacionamento: com as outras pessoas que existem e o que esperam de mim, e comigo, por dentro. Mas isso está tão escondido e desfocado que parece autista. Aí eu me sinto uma princesinha solitária, mas sei que ninguém conseguiria me aturar". As duas mulheres tinham sentido uma dolorosa discrepância entre os ideais externos, coletivos, do superego, e a percepção de sua própria realidade, escondida porque era muito diferente do que seria aceito pelos "de fora".

Ao reconstelar o receptáculo pais-filho e os níveis mágicos da consciência, o relacionamento transferencial-contratransferencial pode autorizar experiências que curam essas patologias limítrofes. A empatia, e sua aceitação validadora, é o modo sentimento que dissolve limites defensivos excessivamente rígidos e promove a confusão incontida, quando a ressonância permeável ainda não está formada.

Enki como patrono dos terapeutas

A sabedoria de Enki pode se encontrar com a deusa escura primordial na consciência do sofrimento dela, o sofrimento de ela se tornar ciente de si, do que há dentro e do que há fora.

Para mim, Enki também é o deus dos terapeutas. Ele é capaz de efetuar uma reestruturação básica da inércia psíquica, usando o que estiver disponível, escondido debaixo da unha. Ele movimenta a situação para que assuma uma perspectiva diferente. Improvisa. Neste mito, Enki introduz um fator anteriormente irrelevante: simpatia pela luta da deusa Inanna, que se estende à sua irmã no mundo inferior. Essa simpatia reverencia a própria causa da imobilidade. Em vez de polarizar um antagonismo contrário ao poder feminino profundo que o mundo superior teme porque parece apenas pôr fim à vida e fixá-la, Enki encontra valor onde só parecia existir desgraça. Valor suficiente para reafirmar a deusa como desgraça e espelhar a dor dentro e fora, para lhe dar esse presente.

Fazemos isso quando nos voltamos na direção de um afeto e o intensificamos para encontrar seus vetores próprios, ou quando nos voltamos para uma defesa e entendemos que tem preservado a vida. Podemos inclusive viver esse movimento quando vemos a dor com uma parte válida do processo da vida: não é culpa de ninguém, só um fato da existência. Com isso, a dor sai da perspectiva patriarcal, adversária, do bode expiatório, que culpa alguém ou algo e quer que isso seja removido ou lhe dê ativamente um fim. Ver a dor como parte do processo alarga a perspectiva que a enxerga somente como sinal patológico e estigma. Enki permite sentir empatia pelo sofrimento e permite uma cura natural. Permite aguentar o sofrimento para gestar uma nova solução, à sua própria maneira e no seu próprio ritmo. A cura ocorre então não só porque é encontrado o significado ou a imagem, mas porque o processo da vida recebe atenção e uma presença empática, e o espelhamento que o alcança onde quer que esteja.

Como terapeutas, no trabalho nesse nível da psique, somos como aquelas pequenas criaturas yin, que não se opõem e servem ao deus Enki. Estamos presentes, aceitamos e deixamos o processo correr, expressando a verdade dos afetos profundos. Essa presença implica que confiamos na *participation mystique* das camadas mais profundas da consciência como um processo da deusa, às vezes mesmo que seja doloroso e pareça mirar a morte e a depressão, e nos torne agudamente cientes da nossa própria inadequação para fazer uma mudança. Ali esperamos com paciência, indo cada vez mais fundo e aguardando junto, até que a deusa – como Tempo – esteja pronta para "decretar um destino favorável".

O trabalho com essa modalidade em geral exige da terapeuta que esteja disposta a se aproximar das pranteadoras, disposta a compartilhar, com sentimento, a dor do complexo que primeiro se constelou na paciente. Isso implica a possibilidade de uma infecção psíquica e o compartilhamento do complexo em si. Dessa reciprocidade pode provir a cura radical que só ocorre quando um complexo é compartilhado, quando a paciente e a terapeuta se aprofundaram o suficiente para chegar a um padecimento comum. Então, a cura muitas vezes é alcançada quando a profissional trabalha sua própria experiência do complexo e sua atitude com respeito a ele, ou isso pode ocorrer para as duas pessoas por meio de uma mudança na psique da paciente. Há muito pouca diferenciação e clareza; só podemos dizer que o campo mutuamente constelado ativa as energias primordiais que instigam o processo de cura.[131]

O compartilhamento – como uma modalidade terapêutica – reafirma a vida humana, mesmo nas trevas da infelicidade. Mas, às vezes, nas fases arcaicas da transferência negativa, significa aceitar o papel de testemunha da investida da paciente contra a vida, mantendo-se imóvel, exceto pela simpatia. Significa estar disponível para evitar remover a força do desespero e da ira com comentários em defesa da posição do nosso próprio ego, e inclusive para falar da nossa própria dor, mas permanecendo com a paciente, que está presa e cega, posicionada como carne nas garras de Ereshkigal. Cabe sentir a dor e reverenciá-la com uma aceitação participativa, como um eco, sem nos apressar em sair dos buracos mais negros da natureza que, nessas fases, parecem dotados de um ritmo peristáltico lento e abismal. Quando o recipiente da transferência é forte e quando existe consciência suficiente para a pessoa começar a sentir a diferença entre si e o outro, então o confronto e a interpretação são vitais, mas somente depois que o recipiente da aceitação houver sido estabelecido, um recipiente em que os componentes da personalidade puderem ser congregados e em cujo bojo possa crescer a semente da totalidade.

Para o ideal de ego heroico, essa empatia é afeminada, mas sempre houve tabus contra descer ao mundo inferior com uma atitude orgulhosa, ativa e emocionalmente vibrante. Gilgamesh aconselhou Enkidu a seguir para lá viajando como um escravo ou sendo invisível. E os iniciados espirituais no "caminho escuro de Perséfone" e no "arbusto da adorada Afrodite" são instruídos a "despir seus trajes e todos se tornam... noivos, 'destituídos de sua virilidade pelo espírito da virgem'".[132] Nesse sentido, os terapeutas que trabalham com o inconsciente devem estar dispostos a aguentar a inação e a invisibilidade pessoal. Os pranteadores já têm essa atitude necessária, tendo sido criados yin e receptivos. Como não têm necessidade de se defender de si mesmos nem de adversários, conseguem lidar com o que vem do inconsciente em estado bruto, dando seu testemunho e reproduzindo o conteúdo como eco. Como disse Jung, enfrentar o que vem do inconsciente nos leva a dar valor e a humanizar o que, de outro modo, seria muito impactante e avassalador para uma participante inocente ou não iniciada:

> Quando essas coisas aparecem, vindas da mente natural, são horríveis, até mesmo insuportáveis, mas, tendo-as enfrentado por algum tempo, a pessoa descobre que, na realidade, são extraordinariamente preciosas.[133]

❂ ❂

As figuras assexuais de Enki foram criadas sem um gênero específico. Não são eunucos nem criaturas homoeróticas. Não obstante, indicam o nível de sexualidade pré-genital, polimorfa, que serve à Grande Deusa nessa profundidade da psique. A imagem dessas figuras amplifica a frequente conexão da heroína ou da *puella* com homens presos ao serviço da Grande Mãe por meio de sua criatividade artística, de vícios ou da homossexualidade. Como a relação pessoal dessa mulher com a mãe é pobre, e como ela não consegue dar valor a si mesma, nem ao seu sexo, parece buscar com frequência o feminino nos filhos-amantes devotos da deusa, homens com quem ela se sente a salvo de penetrações genitais e emocionais, homens que oferecem paixão e uma sensibilidade receptiva, além de sua própria resistência ao patriarcado. De modo semelhante, os homossexuais são em geral atraídos para o Grande Pai atrás da eterna filhinha do papai.

O sonho de certa mulher trouxe a imagem de uma incipiente noção da deusa por trás de seus parceiros homossexuais:

> Dois homens que se amam estão sentados na minha cozinha. Um está ferido. Seu pênis foi amputado. Eu lhe dou um beijo e

> vejo que lentamente ele se transforma em uma mulher com seios grandes. O outro homem se ajoelha enquanto a mudança de sexo procede em silêncio. O primeiro homem agora é uma mulher. Ela me lembra um anúncio que vi na farmácia para uma pele sem idade, com uma linda dama escura.

Ela associou o homem ajoelhado a um tio, que era artista e irmão de seu pai e o aspecto sombra dele. Mas a mulher tinha receio de reivindicar a autoridade solitária de seu Self, porque assim parecia colocar em risco seus relacionamentos, por mais amargos, tumultuados e superficiais que fossem. Em vez disso, dependia de uma maldade fria e intelectual – a farsa de um poder que associava com o companheiro homossexual ferido e dominado pela mãe no sonho. A imagem do sonho mostra a mulher voltando-se para esse modo com um beijo de aceitação. Ela pôde começar a ver o valor desse beijo como a única espécie de afirmação que havia encontrado. O beijo transforma o *animus* homoerótico castrado em uma imagem da deusa sem idade, ainda que coletivamente difundida, e lhe permite uma relação direta e reverente com o feminino arquetípico.

A generosidade de Ereshkigal

Nas versões dos poemas da Descida com Ishtar, o modo como Enki se aproxima do feminino permite que Ereshkigal produza sua essência – a água da vida – que retém no mundo inferior. Com isso, a causa da inércia é direcionada para sua própria dimensão capaz de gerar vida. Faz o túmulo frutificar, mostrando que o inconsciente sofre e gera vida.[134] Como a Górgona, cujo sangue mata ou cura, Ereshkigal pode destruir ou criar e curar, dependendo da atitude que adotamos diante da deusa escura.

Nas versões mais antigas do mito, Enki deu alimento e a água da vida aos seus serviçais, servindo-se de suas próprias reservas. Grata pela reverência que lhe dedicam ao espelhá-la, Ereshkigal se dirige a eles, agradece pela ajuda e concede recompensas, oferecendo "um bom destino", "a dádiva da água, o rio em sua abundância" e "o presente do grão, o campo na colheita". Eles pedem o cadáver pendurado na estaca. Onisciente, Ereshkigal o chama de "o cadáver de sua senhora" e o entrega a eles. Ela é bondosa, generosa, está transformada. Ocorreu um milagre por meio do sacrifício de Inanna e pelo fato de Enki ter assumido a atitude certa. A fertilidade do touro do céu, que tinha morrido, renasce no útero escuro.

O mesmo motivo aparece em contos de fada nos quais, por exemplo, Baba Yaga e a Mãe Hulda exibem sua face bondosa quando são atendidas com tato e obediência submissa pelas mulheres que as visitam. Há um sonho de uma mulher moderna condizente com esse processo:

> Encontro uma mulher terrível, de rosto e manto negros, em pé perto da janela do quarto com vista para a praça. Ela se vira para mim e sinto muito medo. Ela me diz para eu ir à capela e juntar os talos de cereais velhos e descartados, espalhados no

chão, e usar os grãos para assar um pão para ela. Devo encontrar uma faca, o almofariz e uma frigideira nos cantos de sua sala escura. Com grande dificuldade, pois nunca fiz isso antes, muito lentamente, consigo moer a farinha. Preciso usar minha própria saliva para umedecer a massa. Por fim, formo uma côdea e me pergunto onde assá-la. A mulher escura levanta a saia e me mostra um forno aceso. Coloco o pão lá dentro, tomada pelo espanto. Quando ergo os olhos, ajoelhada como estou, vejo que o rosto dela agora está iluminado e é bondoso. Nunca me senti tão deslumbrada.

Para a deusa, não é nenhuma vergonha a mulher ser submissa. Porém, como salientou Von Franz, esse serviço prestado com boa vontade nem sempre é o caminho para obter o que é necessário da deusa da natureza. Às vezes, ela deve ser abordada com uma coragem heroica e ativa em vez de uma submissão heroica. Maria teve de empurrar a deusa escura para dentro do forno da transformação. Às vezes, a deusa escura deve ser tolerada, evitada ou devemos fugir dela astuciosamente, o que parece depender da personalidade consciente da visitante e dos atributos que podem ser obtidos do lado escuro do instinto e do padrão da imagem. Para Inanna, a deusa suprema, o sacrifício ativo, submisso, orgulhoso e passional, a humildade, e o espelhamento passivo, são os modos compensatórios de colocá-la em liberdade.

IX

O Retorno e seu Preço: O Bode Expiatório Amado

O retorno de Inanna: o retorno do reprimido

Muitas vezes, quando chega o momento do retorno, nem sequer estamos a par. Podemos simplesmente nos sentir atordoadas e confusas, como um bebê que é novo diante da vida. Então, Inanna é revivida. Ela é "aspergida" com comida e com a água da vida.[135] Há a unção ou a libação da matéria oral boa, a concessão de valor e validação em pequenas doses salpicadas. E, assim como as iniciadas costumam ser alimentadas como se fossem bebês, também Inanna – a iniciada renascida da deusa escura – é aspergida e retorna lentamente à vida. O alimento e a água representam uma nova libido que repõe a que foi perdida no sacrifício de Inanna. Depois de a alma recuperar seu equilíbrio, Inanna pode voltar a viver no mundo superior.

Na análise, vemos esse sentimento na necessidade de, repetidamente, oferecer validação ao paciente desconfiado, seja ele homem ou mulher, em pequenas doses de imunização, até que aguente a experiência da aceitação. Significa evitar a pressa, permanecendo com os incessantes afetos e eventos da vida diária em todos os seus pormenores, até que o fluxo das energias da vida retorne à alma ferida.

Inanna é devolvida à vida ativa e volta renascida do mundo inferior. Porém, retorna diabólica, rodeada pelos pequenos demônios impiedosos de Ereshkigal, cujo dever é reivindicar os mortos. No mito, esses demônios devem obter um substituto para o mundo inferior, e a própria Inanna retorna com "os olhos da morte" para escolher seu bode expiatório. Ela se encontrou com Ereshkigal e conhece a realidade abismal: todas as mudanças e a vida demandam sacrifício. É exatamente desse conhecimento que fugiram a moralidade patriarcal e a filhinha do papai, eternamente virgem, querendo fazer o certo a fim de evitar a dor de gestar a própria renovação, de gerar seu próprio ser em separado, sua própria singularidade. Inanna retorna detestável e reivindica seu direito de sobreviver. Ela não é a linda donzela, filhinha do papai, mas uma criatura repulsiva, egoísta, cruel, que deseja ser muito negativa e não se importar.

Conhecemos esse retorno demoníaco do poder da sombra reprimida. Embora, em última instância, seja em defesa da vida, muitas vezes irrompe como um nascimento e exige um grande esforço para ser domado. Pode ser uma "besta selvagem", ou até mesmo parecer algo temível quando a mulher para de se esconder e reafirma sua verdade, para si mesma e/ou para quem está por perto. Vemos essa forma demoníaca da deusa que retorna em boa parte da fúria da liberação das mulheres. Na maior parte, esse estágio do movimento já passou, mas cada mulher iniciada talvez deva individualmente passar por ele.[136] Nesse ponto de sua terapia, uma mulher teve o seguinte sonho:

> Pago uma quantia que devia a um homem (que esconde a paixão por trás de uma fachada intelectual, sofisticada). De repente, todas as sirenes de alarme da cidade disparam, como se fosse ocorrer um ataque nuclear. Percebo que não há lugar onde se esconder.

Ela descrevia o ataque nuclear como um poder destrutivo, frio e impessoal.

Outra mulher receava se transformar em um leopardo enfurecido, se se afirmasse, mas também exaltava seu próprio poder: "Agora, consigo enfrentar meu marido. Vejo que até mesmo quero magoá-lo e não apenas deixar que ele me magoe. Ele que aceite isso", ela ameaçou, deliciada com sua potência recém-descoberta. Isso significava que a velha postura obediente e sentimental que a mantinha contida no casamento não era mais viável. Ela não conseguia mais encontrar sua validação indireta fazendo-se de mártir frágil, que aceita tudo. As antigas bases do relacionamento conjugal – sentir piedade e prestar cuidados como substitutos de um amor entre iguais – estavam mortas e o casal se viu forçado a criar um novo padrão de relacionamento. Desse modo, a mudança individual forja as novas instituições da era pós-patriarcal.

O sacrifício do bode expiatório substituto

Em seu retorno, o problema para Inanna é quem irá substituí-la. A quem escolher como seu bode expiatório? A lei da conservação e do sacrifício da energia permitiu que ela fosse solta. No mito, essa lei é revelada como a base dos ritos do deus anual. Como vimos, somente com um sacrifício é que a ruptura do padrão da totalidade pode ser reequilibrada.

Em um nível, podemos ver que somente seu amado consorte é igual a Inanna. Inclusive, em uma canção de amor que compôs para Dumuzi, ela lhe diz:

> Você, querido, homem do meu coração,
> Você, causei um mau destino para você...
> A sua mão direita você colocou na minha vulva,
> A sua mão esquerda acariciava minha cabeça,
> Você tocou minha boca com a sua,
> Pressionou meus lábios em sua cabeça.
> É por isso que lhe foi decretado um mau destino,
> Assim é tratado o "dragão" das mulheres...[137]

O amor de Dumuzi pela deusa lhe havia trazido prosperidade e grandes alegrias, mas ele ousara ter intimidade com ela e isso implica um preço. Nos mistérios posteriores, é proibido olhar para o rosto da deusa e viver. Nenhum mortal consegue aguentar a impressionante face da realidade e sobreviver incólume. Dumuzi fez isso e mais. Assim, ele já foi consagrado ou "sacrificado". Sendo um iniciado, a deusa o leva para a sua dimensão do mundo inferior. Esse é o mistério esotérico e psicológico do sacrifício de Dumuzi. Inanna desafia seu igual a realizar a mesma descida que ela suportou, talvez para reivindicar a mesma força e a mesma sabedoria.

Ser o amado é o que dói mais porque significa ser conhecido e conhecer os complexos do outro a fundo. Há momentos inevitáveis de um "mau destino", já que ser íntimo abre as feridas mais fundas e, com isso, os amantes se tornam inimigos. Também se tornam os inimigos amados, uma vez que as feridas criam separações que paixões novas atravessam com agilidade. Com frequência, quando temos a intenção de nos desenvolver psicologicamente, nos vemos escolhendo para nossa intimidade uma pessoa que vai esfregar nossos piores complexos na nossa cara, justamente com essa finalidade.

Talvez, de fato, só nos preocupemos em ferir o outro quando o consideramos tão querido quanto a necessidade de falarmos a nossa verdade, quando existe uma igualdade genuína (embora às vezes temida). Nas situações de intimidade em que não é percebida nenhuma igualdade, é muito difícil falar com a visão objetiva da deusa escura, pois falar de modo objetivo ameaça nossa perspectiva quanto a amar, baseada nas necessidades pueris de conforto e segurança com os pais. Portanto, com muita frequência, andamos em cascas de ovos, recuamos e protegemos aos outros e a nós mesmos, quando a outra pessoa nos parece frágil demais para suportar os fatos sem revidar de maneira terrível.

Quando dependemos de outrem para nossa validação, permanecemos dóceis ou explodimos só inconscientemente. Mas estar disposta a mandar Dumuzi ao mundo inferior significa ousar reafirmar a nossa própria realidade, significa ousar ter como alvo o ponto em que sabemos haver um complexo, mesmo que provoque a outra pessoa a entrar no modo defensivo, de maneira que seu ego fica perdido para nós no mundo inferior. Esse é o lado extrovertido do desafio ao ser amado, no confronto com Dumuzi. Quanto ao lado introvertido, o movimento implica que o ideal mais prezado deve ser sacrificado e entregue à deusa. A bela cordialidade da deusa do amor e da filhinha do papai humana, a identificação com o espírito e com levar a vida com inocência e leveza são ideais do *animus* que devem ser recanalizados para a deusa escura em si e profundamente modificados a serviço dela a fim de que a mulher em si, a serviço de seu Self, possa sobreviver. Aqui, o amado Dumuzi é a atitude favorita do *animus*, o antigo rei, que a alma feminina deve render ao Self e matar como a fonte primária de sua própria validação e identidade.

Dumuzi

Do ponto de vista mitológico, Dumuzi é o rei pastor moribundo, uma prefiguração de Abel e de Cristo. Seu nome significa "filho fiel". Entre os pastores, sua mãe é a deusa que personifica a ovelha;

entre os vaqueiros, é a senhora das vacas selvagens. Outras vezes, sua mãe é considerada a deusa dos juncos. (Em nenhum momento, ele é filho de Inanna). O pai de Dumuzi é Enki, as águas fecundantes das quais depende a colheita.[138] Uma forma de Dumuzi tem relação com o deus da tamareira; outra, com os grãos e o poder da cevada de produzir cerveja.[139] Jacobsen diz que ele é "o *élan* vital da nova vida na natureza, nos vegetais e nos animais".[140]

No entanto, ele também é o rei mortal e pastor do povo; um homem identificado com o princípio da imortalidade, como o fecundador e também como a colheita da terra. No vaso Uruk do quarto milênio, ele aparece no papel de consorte de Inanna no rito do casamento sagrado. Nesse papel, ele representa o homem plenamente encarnado, mas um homem-deus, um homem que se tornou imortal. Como consorte, ele é iniciado no serviço à deusa imortal da vida e da fertilidade. A consciência de Dumuzi está reconciliada com os limites da vida, pois os transcende mediante o influxo da energia transpessoal que dá a ele uma noção de quem é, estando integrado a recursos que vão além dos poderes mortais. Como Apuleio, que se tornou dourado ao se identificar com o deus e assim foi cultuado, também Dumuzi é deificado em seu papel de rei e consorte.

No entanto, ele é o marido mortal da deusa da Terra e deve morrer para que a criação da terra se renove. Sua libido humana é necessária para reclamar a terra profícua, o seio de Inanna, e para arar o solo, a vulva de Inanna,[141] a fim de que conceda fertilidade à terra. Porém, a morte de Dumuzi também é necessária à renovação porque, como rei, ele está identificado com as colheitas e com o auge da perfeição e da força divinas, que inevitavelmente decaem. Aqui ele é sacrificado no seu auge para movimentar o ciclo das estações da vida e da morte, das uniões amorosas e das separações dolorosas, das fusões e das divisões.

Antes que Inanna chegue à cidade de Erech e encontre Dumuzi, aparecem a ela três outras figuras em seu retorno, todas vestidas com sacos de aniagem e se lançando aos pés da "mãe" Inanna: Ninshubur e seus dois filhos, que ela salva dos demônios. Mas ela depara com Dumuzi indiferente à sua difícil situação. Ele está "vestido com trajes nobres... sentado em um trono elevado".[142] Dumuzi não se rebaixa ao ver a deusa rodeada por demônios; ele não desce do trono. Como consorte e deus anual, foi poupado dos padecimentos de uma terra infértil. Parece não estar ciente da presença da deusa, exceto em seus aspectos como Afrodite e fertilidade, e se refestela em seu papel de favorito, divino e régio em sua ignorância. Inanna despeja nele sua ira e sua vingança, o lado demoníaco da deusa retornada. Nele ela "finca os olhos da morte, contra ele pronuncia a palavra, a palavra da fúria...".[143] No mundo da luz, ela repete os atos de sua irmã escura, corporificando totalmente o mundo inferior, o aspecto da deusa que lida com a morte.

Até esse momento, Dumuzi não está receoso, nem se mostra servil. Ele está seguro, identificado com o deus. É forte o suficiente – ou suficientemente inconsciente de sua fragilidade humana – para se apresentar como consorte favorito e rei, como homem-deus, e não como filho suplicando piedade da mãe. Isso quer dizer honrar Inanna profundamente, pois, contra Dumuzi, ela pode reafirmar sua própria necessidade básica de sobreviver, e depois domá-lo no seu próprio tempo. Ele enfrenta a realidade dela com sua própria realidade segura e distinta. Dumuzi encara a deusa como igual a si e não busca apaziguar. Por conseguinte, ela não tem de se preocupar e pode passar ao largo da desigualdade nos vínculos deusa-mortais, rainha-serviçais, pais-filho. Inanna pode encontrar o espaço onde testar Dumuzi e tornar-se mais presente no mundo consciente. É dele que ela alcança o respeito profundo pelo confronto.

Isso sugere um dos caminhos em que as energias transpessoais necessitam de um par humano, não como voz de imitação, mas como parceiro com a mesma dignidade. Uma vez que Dumuzi tinha sido identificado com o consorte da deusa, ele pôde temporariamente corporificar uma força transpessoal para equilibrar a de Inanna. Com isso, tem fim a violenta investida do retorno demoníaco da deusa. Os demônios têm foco e podem despender sua fúria na perseguição a Dumuzi. A capacidade que este tem de enfrentá-los traz alívio para os habitantes da Terra, pois ele se apresenta como o defensor e o rei do povo, ele mesmo recebendo o impacto furioso, sendo o bode expiatório, a oferenda de paz.

Com bastante frequência, no mundo moderno, um membro próximo da família ou um terapeuta é escolhido como destino das energias não domadas que irrompem quando, inicialmente demoníaca, uma iniciada retorna renascida do mundo inferior. Se esse movimento puder ser reconhecido de modo consciente e aceito, pode vir à luz como parte do processo geral.

Esse ponto do mito aponta os problemas psicológicos das mulheres identificadas com o ideal cultural pervertido de relacionamentos pastosos e de autoabnegação como meio de obter validação. Elas permitem que suas necessidades pessoais sejam deixadas de lado quando vistas como criaturas maternais ou dignas de pena e, para se permitir fundir, perdem a capacidade para relacionamentos verdadeiros. Porém, essa fusão é simplesmente um meio de evitar confrontos, além de conservar as forças da mulher, das quais ela necessita para incentivar sua integridade individual no mundo inferior. O complexo da identidade individual, contudo, não perde energia. Esta reflui e a mulher entra em depressão, em um ciclo recorrente, ou segue na busca até achar alguém adequado para suportar tal energia, alguém capaz de se manter firme e receber a energia passional do complexo e enraizá-la, sentindo respeito pela energia em si e pela necessidade da mulher de lhe dar corpo.

Quando presencia a dor que causa, a mulher passional pode deixar-se transformar pelo remorso e pelo sofrimento. No entanto, com frequência, a força da mulher é ignorada de modo prematuro pelo pai, pelo marido ou pelo irmão, tão presos no próprio complexo materno que não conseguem se manter firmes. Então, esse homem se rebaixa e busca apaziguar, como os filhos de Inanna, ou se enfurece como o touro dos infernos no fundo do próprio inconsciente. Já a energia assertiva da mulher, com a qual ela poderia reivindicar sua identidade individual e distinta, é canalizada de volta para si própria ou para os filhos físicos ou psicológicos, ou encaminhada para manobras passivo-agressivas. Seja como for, a mulher perde outra oportunidade de validar as próprias necessidades. Nesse ponto, as mulheres precisam da ajuda umas das outras, e da de homens, porque estamos apenas começando a aprender a nos tornar independentes dos antigos ideais sentimentais e podemos ser detestáveis quando aprendemos a assumir nossa plena identidade.

Nesse contexto, a falta de reverência de Dumuzi pela Inanna renascida pode ser vista de outra perspectiva que, muitas vezes inclusive, pode ser relevante na atualidade, agora que as mulheres estão lutando para trazer à consciência as próprias forças e os próprios padecimentos. Dumuzi celebrava enquanto sua consorte sofria. Ele não dá valor à descida da deusa e ignora seu retorno, pois é visto em um relacionamento muito precário com a própria vulnerabilidade, sensibilidade e profundidade. Desse modo, ele nega a deusa, evita a dor dela e suas necessidades, mostrando-se grandioso e jovial. Ao contrário dos "filhos", intimidados e por demais abjetos, Dumuzi é altivo demais e destituído de toda empatia e interesse por Inanna.

Vemos com grande frequência o mesmo resultado nas reações do homem narcisista que nega ou menospreza a dor de sua parceira, depois de ela ter dado à luz ou quando está angustiada para descobrir as bases da própria independência, fora da família "dele". Nessa situação, o homem pode se fazer de "coitadinho" ou "primeiro eu, o reizinho", esvaziando de modo sutil ou explícito a luta da mulher. Especialmente quando ela começa a encontrar sua força e a desafiar a primazia que ele presumia antes, ele pode tentar se desvencilhar de suas responsabilidades atribuindo a ela a culpa, diminuindo-a ou refugiando-se em um distanciamento ou na passividade. Assim, trai a necessidade de ele mesmo descer ao mundo inferior, de descobrir um relacionamento com o feminino interior que possa aceitar de maneira não defensiva e respeitar como igual.

No mito, a transmutação de Dumuzi em uma serpente poderia ser entendida de modo simbólico como a maneira como ele se contorce para tentar se desvencilhar de sua própria necessidade de enfrentar o inconsciente profundo. Sua fuga para a irmã, como a *lysis* de outro poema, fornece um prognóstico mais favorável com relação a sua individualidade e ao desenvolvimento de sua *anima*.

X

Equilíbrio: A Aceitação do Processo

Lise fase um: a sabedoria da mudança

Inanna decreta que ele seja levado embora. Os demônios, instrumentos do destino "que não aceitam presentes", amarram e espancam Dumuzi. A experiência de tortura que ele vive não é diferente da de Jó e da agonia de Cristo. E, tal e qual seus descendentes mitológicos, ele suplica a Deus que o poupe, pois, por meio do sofrimento, Dumuzi acorda plenamente para reverenciar o medo e sua própria mortalidade. É arrancado de sua posição régia, de seu estado divino, e de repente é levado a se conscientizar do limite temporal, da insegurança humana e da morte. Ao confrontar o aspecto escuro da deusa Inanna, ele sente medo e dor. Isso o ensina a temer a deusa e a dar valor à sua vida mortal. Ele tenta se salvar. Oferece suas lágrimas. Suplica a Utu, o deus solar, que providenciou seu casamento com Inanna, e pede para ser transformado em uma serpente. Utu atende ao pedido.

Ao contrário de Gilgamesh, Dumuzi não perde a imortalidade, sendo serpente. Em vez disso, ao ser transformado nesse réptil, Dumuzi ganha a sabedoria da serpente, ou seja, nada morre no Grande Círculo. Assim como esse animal troca de pele (tal como Inanna, que se desfaz de suas vestes), as formas da vida são perdidas e renovadas. O que permanece é a energia imorredoura do poder da serpente. Assim é que, em outras encarnações, Dumuzi subirá ao trono e ao leito de Inanna e servirá de consorte mortal da deusa imortal da vida. A instituição da dignidade real divina, símbolo da vida renovada, continuará e, por meio dela, Dumuzi "escapa" da mortalidade. Esse poema termina dizendo que, como serpente, "Dumuzi, o rei, escapou de seus demônios".[144] Essa é a "escapatória" da iniciada e da dimensão mágico-matriarcal da consciência, uma perspectiva do padrão de totalidade do ciclo de transformação da energia.

Aqui, a transformação é proporcionada por Utu, o irmão solar de Inanna. Em resposta às lágrimas de Dumuzi, às oferendas de terror e dor mortal, Utu torna Dumuzi sagrado. Ele sacrifica a encarnação humana de Dumuzi e lhe concede a forma imortal da serpente, o consorte eterno da deusa, símbolo da energia da vida.

Utu, o deus do Sol, é o equilíbrio de Ereshkigal. Assim como Enki, ele está fora do modo logoico patriarcal, não como adversário do feminino, mas como seu complemento. Tal qual outras divindades solares, ele representa o feminino como gêmeo da Lua noturna ou da deusa das estrelas (também como filho ou consorte da Terra).

Sua mensagem – por meio da transformação que opera em Dumuzi – sugere que a vida continua, que não há limites fixos, somente transformações da energia. Isso equilibra o medo de Dumuzi, assim como a mensagem de Ereshkigal – a vida acaba, há limites e separações – equilibra a inocência virginal de Inanna. O deus solar e a deusa escura são os pilares do templo esotérico e de seu conhecimento da mudança. Neste mito não existe uma lise que consideraríamos estável, nenhuma resolução, exceto essa profunda sabedoria.

Em termos psicológicos, muitas vezes vemos essa mudança de forma quando uma pessoa é tomada por um medo terrível e por um adversário poderoso demais. Então, o medo a transporta mais além da dimensão humana. A pessoa perde sua alma humana, como Dumuzi, cuja "alma o deixou como a águia em voo, atacando outra ave".[145] A pessoa despenca no inconsciente, é dominada pela emoção, entra em pânico. Identificada com o medo, tenta sobreviver ao ataque. Assim, a pessoa busca se esconder da vida até que surja a oportunidade de renascer em um ambiente mais misericordioso. O medo se apossa da alma mortal e provoca sua descida. Então, o mundo inferior pode ser um local onde se esconder, um refúgio. Vemos essa descida nos ataques negativos do *animus* e da *anima*, quando a emotividade domina o que a pessoa entende como sua identidade. Também vemos esse processo na história de vida de pessoas que se sentem como bodes expiatórios ou forasteiras, por não terem encontrado a segurança adequada em nenhum ambiente de validação. Nesse caso, o mundo inferior é o doloroso refúgio de sua alma, e seu retorno à vida ocorre conforme o padrão da história de Inanna.

Outra lise: o remorso de Inanna e o reequilíbrio da energia

Em outros mitos – "O Choro Mais Amargo"[146], "O Sonho de Dumuzi" e "O Retorno"[147] –, a história se encerra de modo diferente. São acrescentados dois elementos: a reação de Inanna à morte de seu consorte e o surgimento de uma nova personagem, a irmã de Dumuzi, Geshtinanna.

Primeiro, existem canções sobre o luto da Grande Deusa pela perda de seu amado:

> Inanna chora a perda de seu jovem noivo,
> "Meu marido, meu amado marido, se foi...
> Meu marido foi para junto das... plantas...
> Meu marido, que foi em busca de comida, foi entregue às plantas...
> ... ele, que foi em busca de água, foi entregue à água.
> Meu noivo, como mão esmagada... partiu da cidade..."[148]

Ela lamenta o fato de ele ter sido "feito prisioneiro", ter sido "morto", "não se banhar mais", "não tratar mais a mãe de Inanna como sua mãe", "não competir mais com os rapazes da cidade", "não desempenhar mais suas doces obrigações entre as donzelas da cidade". Inanna está desolada e busca seu amado perdido. Ela "torna mais agradável o lugar onde jaz seu marido" – a estepe no deserto que é o túmulo dele (fora dos limites da cidade e para onde, posteriormente, eram levados os bodes expiatórios dos hebreus) –, transformando uma antiga deusa mãe de filhos em um odre para que algum jovem viajante obtenha água fresca para beber. Isso sugere a transformação de uma antiga fonte e recipiente de libido em outra nova. Desse modo, o viajante que vai ao mundo inferior saberá que é amado e poderá beber da fonte maternal, inclusive no deserto e em locais abandonados. Esse é um grande conforto ofertado pela deusa e sugere que o sustento maternal pode mudar de forma para dessedentar até mesmo nossa descida ao que parece ser a morte.

A deusa lamenta a morte do seu amado. Nem mesmo ela consegue escapar da profunda tristeza no coração sofredor atingido pela mudança. Como instrumento do destino, ela causa a tristeza, mas também padece desse sentimento e o revive. No mundo inferior, não tinha consciência de sua própria transformação enquanto Ereshkigal gemia. No Grande Acima, Inanna sofre ao se separar do amado.

Em várias dinastias sumérias, contudo, há outras canções que descrevem sua alegria de reencontrar Dumuzi, reencarnado como rei da terra e da cidade de Inanna: "No dia de 'dormir',/No Ano-Novo, dia dos ritos", ela leva outros para sua cama, no rito do casamento sagrado, e é celebrado o ciclo da vida imorredoura.[149]

A Grande Deusa regozija e pranteia seu próprio processo, a mudança vida-morte através do tempo, que lhe traz novos mortais e os leva embora, no eterno círculo dos consortes, até Gilgamesh desafiar seu papel, tratar com desprezo a oferta do casamento sagrado que ela lhe faz, colocar a instituição da linhagem real em novas bases e defender a destituição da deusa. Assim como Ereshkigal, Inanna é um padrão arquetípico de energia. Cada geração de seres humanos é modificada e afetada pelo contato com a deusa bipolar duradoura, e precisa encontrar e criar equilíbrios que sustentem a vida no interior de seu padrão como um todo. Os seres humanos devem mudar para sempre, debatendo-se e fluindo, para se manter em equilíbrio, incluindo um teor suficiente do realismo de Ninshubur e de seus serviços a fim de sobreviver no mundo comum. É uma interação que jamais termina, um número de equilíbrio, sem um término fixo ou sequer um fim ideal.

A terceira lise: Geshtinanna, a irmã de Dumuzi

O problema se torna ainda mais complexo quando visto da perspectiva humana. Apesar de toda a intensidade arquetípica, a deusa Inanna não tem nossa capacidade para ligações pessoais humanas. É atendida por qualquer mortal no papel de Dumuzi. Ela é a deusa, desprovida de uma relação, exceto com suas próprias necessidades inerentes e com outras intensidades impessoais. Nós, humanos, temos um problema mais difícil, pois, sendo pequenos e sujeitos ao tempo-espaço, estamos imersos em uma rede de intimidades pessoais.

Servimos às energias arquetípicas – as deusas – e somos moldados e energizados por elas, mas também cuidamos de nós como seres encarnados na Terra, e cuidamos das outras criaturas frágeis com as quais compartilhamos nosso destino. Não apenas nos esforçamos para manter um vínculo consciente com o âmbito arquetípico, atentando para evitar a identificação com algum arquétipo em particular, como também devemos defender Inanna como deusa das paixões e dos afetos, do amor e da guerra, a deusa que sustenta nossa vida pessoal na Terra, sujeita ao tempo. Também devemos servir Inanna sustentando a dimensão terrena e humana, com suas necessidades corporificadas, pois encontramos a deusa em nossas conexões pessoais, e por meio delas, encarnadas no lugar onde passamos por nossas paixões: a vida diária. E, como sugere o mito do "Sonho de Dumuzi" (ver adiante), isso também serve a Inanna, a grande deusa impessoal, pois, com nossas paixões e sacrifícios, a deusa recebe o amado de volta e a vida pode fluir de seu ventre sagrado e seguir adiante.

A própria natureza da vida na Terra, e da deusa em si, impede a possibilidade de ela ter um único e imorredouro parceiro. O consorte fecundador da deusa é um homem-deus mortal, um homem tornado deus por meio do serviço que presta a ela. Ele encarna a bipolaridade vida-morte do eterno processo de mudança. Isso assusta e repugna aquele lado em nós que, como Gilgamesh, quer eternidade e estase. Porém, como a deusa também é matéria, não são possíveis nem a estase nem a eternidade da forma na vida material. Devemos conquistar nossa eternidade de outra maneira, não por apego a uma identidade corporificada que chamamos de ideais heroicos. Devemos ir além do que fazem Gilgamesh e o ego patriarcal quando depreciam a deusa, chamando-a de volúvel, e aprender a servi-la, vendo-a mais como inconstante. Essa é a tarefa psicológica primordial que corresponde à nossa época.

No mito do "Sonho de Dumuzi", essa direção nos é indicada com a introdução de um novo personagem mítico. Trata-se da irmã do rei pastor, Geshtinanna, que nos afasta da intensidade dramática das forças míticas arrebatadoras. Ela faz a ponte entre os padrões de energia vívidos e dominadores, configurados no material de Inanna, e os padrões do mundo pessoal terreno, humano e menor. Geshtinanna nos aponta a possibilidade de manter a reverência pela deusa da vida e da morte, mais além do patriarcado, conquanto haja um preço: *aceitar* de bom grado.

Geshtinanna, a irmã de Dumuzi, filha e esposa de Enki, deusa do junco, é uma mulher sábia, "uma escriba que conhece as tabuletas... que conhece o significado das palavras, [...] que conhece o significado dos sonhos".[150] No poema, o pastor tem um sonho com a imagem da destruição de seu trabalho e de si mesmo. Ele vê um único junco curvado pela dor do luto e dois juncos cortados, no chão. Então, chama a irmã para que interprete o sonho. Ela entende que se trata do aviso de um porvir de luto para sua mãe, e do destino a que ela e ele estão fadados. Geshtinanna insiste para que seu irmão fuja. Ela vê "os demônios vindo para atacá-lo" e dá sua palavra de que o protegerá guardando silêncio, mesmo que seja torturada por causa dele. Mais tarde, quando ele foge para a casa dela e é capturado uma última vez, ela lamenta amargamente o fato e vai em busca do irmão.

Como Ninshubur, mas a serviço da dimensão humana, Geshtinanna faz o que pode para redimir aquele que está perdido no mundo inferior. Ela cumpre à risca o destino que viu no sonho de

Dumuzi, mas faz isso como mulher mortal e por meio da deusa, não por meio dos altos deuses. Com Inanna, de quem é amiga em outros mitos e cujo amor por Dumuzi ela conhece bem,[151] ela encontra o túmulo de Dumuzi e chora. Então, totalmente consciente – e seguindo o padrão determinado pela deusa –, ela se oferece para ficar no lugar do irmão no mundo inferior, aquiescendo em ser ela mesma cortada da vida.

Tanto ela como Inanna descem depois de sofrerem perda e separação: a morte de um parceiro vital. (Por isso, os túmulos sempre foram considerados a entrada para o mundo inferior e o inconsciente profundo.) Mas Geshtinanna se prontifica, embora não mobilizada pelo amor da deusa pela aventura e pela força. Sua motivação são paixões humanas: o amor e o luto. Inanna fica tão comovida com essa oferenda de sacrifício que transmuta a sentença de Dumuzi e ameniza o destino esboçado no sonho para Geshtinanna: a deusa decreta que irmão e irmã se revezem, cada um passando seis meses do ano no mundo inferior e seis meses na Terra. A deusa lhes permite que corporifiquem o processo de seu próprio ciclo – descida e retorno, retorno e descida – nas intermináveis reorganizações do padrão da vida.

O nome "Geshtinanna" significa "videira do céu". Um de seus epítetos é "rizoma da videira"[152]. Ela é a força da uva colhida no outono e do vinho fermentado na primavera, assim como Dumuzi personifica os grãos colhidos na primavera e a cerveja fermentada. Ela é tão próxima do irmão quanto Inanna é de Utu, o deus do Sol. Talvez até mais próxima, pois existe um poema em que o pastor apresenta Geshtinanna à sexualidade, mostrando para ela exemplos de incesto entre os carneiros que cria. Ela se apresenta como a irmã terrena, "rizoma" do par de gêmeos. Tem a ver com a libido endogâmica da linhagem real, em uma ligação pessoal e íntima com o masculino, nascida do mesmo ventre e morrendo junto com ele, ambos cortados e caídos na mesma imagem. Desse modo, Geshtinanna personifica a mulher que pode ser irmã-companheira do homem mortal. Ela é afetiva de uma maneira que vai além da capacidade impessoal da deusa, enxergando os frágeis padrões da vida com sua sabedoria humana, disposta a compartilhar o fardo dos humanos quando sentem amor e luto; ela serve à deusa renascida, mas também pode ter a própria perspectiva.

Geshtinanna entra na história depois da descida e do retorno de Inanna. Ela não sente a defensividade de uma filhinha do papai, para quem qualquer autossacrifício em prol do masculino é muito difícil, e sem buscar para si nenhum pagamento na forma de alguma gratificação devolvida. Sua capacidade de se relacionar fica mais próxima, é mais específica e se corporifica em sentimentos terrenos, que vão além dos ritmos e dos afetos primordiais da rainha-deusa impessoal. Ela é capaz de ler as mensagens do inconsciente, e ainda assim manter-se firme, inclusive contra os demônios. Geshtinanna é a imagem daquela que consegue mediar as dimensões humana e transpessoal e compartilhar o fardo de integrá-las.

Geshtinanna parece simbolizar o produto da descida de Inanna e seu retorno: um desdobramento que desabrocha do encontro da deusa com sua irmã escura, um novo "rizoma da videira" da vida. Entretanto, comparada com a Grande Deusa, ela parece humilde, humana e humanamente consciente. Como filha de Enki, apoia a dimensão dos sentimentos. Dá abrigo ao irmão, que está com medo e é dependente, e responde de maneira criativa ao destino dele, pois é parente próxima da sina que o aguarda e dos sentimentos que ele tem. Ao contrário do consorte homem-deus, ela é uma "mulher sábia". É consciente. O medo dele e o sonho tornaram-na consciente, mas ela é forte o suficiente para mitigar e assumir para si o sofrimento humano por meio de um sacrifício consciente e amoroso. Ela se oferece à deusa, sua amiga, movida pelo intenso amor que sente por seu irmão humano. Assim, ela não se furta ao seu destino nem deprecia a deusa do destino, como fazem Gilgamesh e o patriarcado. Ela se apresenta como voluntária. E, com essa aquiescência corajosa e consciente, dá fim ao padrão de instituir um bode expiatório quando escolhe enfrentar por si mesma o mundo inferior. De bom grado, ela se oferece para servir a Ereshkigal e também a Inanna.

A imagem dela é como a de Cristo, mas mais pessoal que a dele, além de profundamente feminina. Ele deu a vida por todos os homens, em um gesto grandioso. Oferece a si mesma, aceitando com coragem o próprio destino, em benefício daquele homem, seu irmão, com quem se importa, a quem chama de "homem amado"[153]. É uma resposta pequena, pessoal, uma reação individual e individualizada, um ato propriamente criativo a serviço do processo da vida de Inanna e de sua própria constelação encarnada da deusa do amor e da guerra, seus próprios sentimentos pessoais. Nesta terra, este é o limite dos sentimentos que experimentamos: uma avaliação específica no aqui-e-agora. Podemos até extrapolar, mas essa é a escala em que vivemos.

Geshtinanna não é um modelo grandioso, uma resposta única ao processo. Ela é quem é, e sua reação é específica aos seus próprios sentimentos e à sua própria noção de realização. Ela apenas nos mostra os problemas e a solução que dá a eles. Para mim, porém, ela transmite a possibilidade de uma capacidade encarnada de servir tanto à deusa como à vida humana. Geshtinanna é o resultado e a corporificação de todo um processo iniciático: a criação da escuridão renovada de Inanna, sua paixão e remorso, e a criação da condição divina de Dumuzi e sua dependência e seu medo humanos. Seus sentimentos são pessoais e ela pode entrar em uma relação amorosa como parceira do masculino. Também está disposta a servir tanto à luz como à escuridão das profundezas da deusa e de si mesma. Tal como é descrita nos poemas, falta-lhe a vibração de Inanna. Além disso, ela ainda não conhece os domínios de Ereshkigal, pois ainda não realizou a própria descida. Em seu caráter não existe conflito entre o instinto de se relacionar com o amado e o instinto de ficar sozinha e na defesa de sua dimensão mais profunda. Mas ela está disposta a ousar descer. É justamente isso que muitas mulheres modernas são convocadas a fazer por meio de seus sonhos e sentimentos.

Ao final do poema, Geshtinanna ainda não desceu. Dumuzi vai primeiro. Isso sugere que o *animus* ou os ideais do superego devem ser superados antes que a mulher possa executar sua própria descida, individual e direta.

Podemos pensar no que mudará em Geshtinanna, como ela estará diferente em seu primeiro retorno e em todos os subsequentes, pois cada descida é um novo processo e a cada vez ela pode retornar com um equilíbrio diferente. Podemos pensar como qualquer mulher humana, ou qualquer *anima*, deverá ser transformada por meio do ritmo do nosso serviço a Inanna, ao mundo do Grande Acima – com suas paixões ativas, seus relacionamentos coletivos e extrovertidos, suas expressões criativas – e a Ereshkigal e o mundo da escuridão incubadora e da aparente estase, em que o inconsciente coletivo atua sobre nós e chegamos à nossa solidão fundada na deusa e no *muladhara*. Cabe a nós suportar as fases de descida-ascensão-descida como um serviço a ambos os aspectos: o instinto feminino e os padrões espirituais. É difícil dizer e sentir "Santa Ereshkigal, seja louvada!". Não obstante, isso é tão essencial quanto darmos as boas-vindas a toda a amplitude do feminino que, simbolizado por Inanna, retorna para o mundo superior, consciente. Prestar reconhecimento a Ereshkigal pode nos levar a encontrar sentido na dor, nas perdas e até na morte, da mesma maneira como precisamos reafirmar o sentido da alegria apaixonada de Inanna, de sua combatividade e de sua ambição, todas essas experiências sagradas e válidas para as mulheres.

Ao dar corpo e expressão ao processo, com o *animus*, seu irmão, alternando em estar em cima e embaixo, aguentando e acolhendo a dinâmica dos opostos, Geshtinanna se posiciona fora do modo patriarcal, pois sua postura é sempre criativa, relativa e flexível. Essa postura não pode ser alcançada de forma deliberada como um ideal, somente sofrendo os sentimentos e as paixões individualizadas que, nela, representam o serviço que presta à deusa, e suportando as descidas e os retornos que a deusa exige. Como vinho, ela simboliza o novo espírito feminino e a consciência do processo, velha, mas sempre nova. Cada nova safra do vinhedo deve descer para fermentar no mundo inferior e subir transformada, como fruto também da transformação no mundo inferior. Assim como no vinho sempre novo, o sabor e a qualidade hão de variar. A safra de cada ano será diferente das outras. Não existe um padrão abstrato de perfeição que possa, ou sequer precise, ser alcançado. Esse é um processo dos ritmos orgânicos da terra, razão pela qual o sabor e a qualidade devem variar. E este é o ponto: uma parte da discriminação-sentimento, com suas alegrias e seus padecimentos.

Precursora de Dionísio, Geshtinanna nos direciona a um novo tipo de ego em individuação: um ego que celebra os processos de transformação da vida e da morte e concorda com eles; um ego que incorpora o equilíbrio em constante mudança entre o transpessoal e o pessoal;[154] um ego que ousa encontrar as sombras no mundo inferior e retornar à vida com um corpo e sentimentos humanos, sem reprimir essas energias.

Há alguns problemas com os fatos do destino de Geshtinanna como paradigma para as mulheres modernas. O destino que a deusa havia decretado para ela pode despertar em nós a fé no processo da mudança, o que nos ajuda a abrir mão de maneira consciente e ter abertura para viver em novos espaços psicológicos. E, como muitas de nós, ela escolhe servir ao seu próprio destino individual, mas nos termos em que este era concebido na antiga Suméria.

Provavelmente, não seríamos mais capazes de aceitar um destino que nos impedisse de vivenciar uma relação mais consciente com o parceiro (ou o *animus*). A Suméria resolveu os problemas de relacionamento postulando uma alternância entre as posições consciente e inconsciente: Geshtinanna e Dumuzi não se encontram de novo, mas passam um pelo outro duas vezes ao ano, em um ciclo infinito. Também não temos indícios de um desenvolvimento psicológico e de um aumento de sabedoria com o passar dos anos.

Nós, mulheres modernas, temos uma longa história que está se tornando cada vez mais consciente, e podemos sentir os efeitos de nossa luta laica nos âmbitos do patriarcado e do mundo inferior. E, como diz Jung, devemos "seguir sonhando o mito". Não existem paradigmas que correspondam exatamente à nossa situação. Com base nessa antiga história, só podemos conhecer as forças às quais devemos servir. Como cada uma de nós há de encontrar seu próprio equilíbrio individual e seu desenvolvimento, conforme descemos e ascendemos, ascendemos e descemos, isso ainda está por ser vivido e escrito.

Resumo

Os mitologemas da descida e do retorno de Inanna reintroduzem duas grandes deusas – padrões primordiais da energia feminina – e seus consortes, assim como a possibilidade de uma resposta humana individual que as traga para a vida pessoal encarnada. Essa história nos apresenta um modelo de saúde e de cura da cisão entre acima e abaixo, entre o ideal coletivo e a poderosa realidade processual, bipolar e transformacional que é a base do padrão da totalidade feminina. As imagens do mito podem nos orientar ao longo do caminho, enquanto sofremos o retorno à deusa e a renovação, seguindo os passos de Inanna e, depois, de Geshtinanna.

Para as mulheres modernas, o que está implícito é que somente depois que toda a gama de afetos – até os demoníacos –, assim como a objetividade do feminino escuro, for sentida e reivindicada é que será possível um companheirismo entre homens e mulheres como iguais, um encontro verdadeiro, de almas, apaixonado e individual. Inanna é reunida à sua irmã ancestral escura e ao mesmo tempo separada dela, o feminino reprimido. Com a ajuda de Ninshubur, Enki e Dumuzi, isso resulta em Geshtinanna, o modelo de alguém que pode assumir posições, ficar firme em seus próprios valores e se relacionar de forma amorosa com o masculino tanto quanto diretamente com sua própria profundidade; o modelo daquela que está disposta a sofrer humana e pessoalmente todo o espectro que é a deusa.

Glossário de Termos Junguianos

Anima (latim, "alma"). O lado feminino e inconsciente da personalidade do homem. É personificada nos sonhos por imagens de mulheres que vão de prostitutas e sedutoras a guias espirituais (Sabedoria). É o princípio do Eros, portanto, o desenvolvimento da *anima* do homem se reflete no modo como se relaciona com as mulheres. O homem identificado com a *anima* pode se mostrar mal-humorado, afeminado e excessivamente sensível.

Animus (latim, "espírito"). O lado masculino inconsciente da personalidade da mulher. Personifica o princípio do Logos. A identificação com o *animus* pode tornar a mulher rígida, teimosa e crítica. Por um prisma mais positivo, o *animus* é o homem interior que funciona como ponte entre o ego da mulher e seus próprios recursos criativos no inconsciente.

Arquétipos. Em si mesmos irrepresentáveis, aparecem como ideias e imagens arquetípicas na consciência. São padrões ou motivos universais e coletivos, oriundos do inconsciente coletivo, e constituem o conteúdo básico de religiões, mitologias, lendas e contos de fada. Nas pessoas, vêm à tona em sonhos e visões.

Associação. Fluxo espontâneo de pensamentos e imagens interligados em torno de uma ideia específica; esse fluxo é determinado por conexões inconscientes.

Complexo. Grupo de ideias ou imagens dotadas de carga emocional. No "centro" de um complexo está um arquétipo ou uma imagem arquetípica.

Constelar. Sempre que ocorre uma reação emocional intensa a uma pessoa ou situação, um complexo foi constelado (ativado).

Ego. Complexo central no campo da consciência. Um ego forte pode se relacionar de maneira objetiva com conteúdos ativados do inconsciente (isto é, outros complexos) em vez de se identificar com eles, o que aparece como uma possessão.

Função transcendente. O "terceiro" elemento, conciliador, que emerge do inconsciente (na forma de um símbolo ou de uma nova atitude) depois que conteúdos opostos conflitantes foram diferenciados de maneira consciente e a tensão entre eles foi sustentada.

Individuação. A realização consciente da realidade psicológica singular de uma pessoa, incluindo suas forças e suas limitações. A individuação leva a experimentar o Self como centro regulador da psique.

Inflação. Estado em que a pessoa tem uma noção de sua identidade irrealisticamente alta ou baixa (inflação negativa). A inflação indica uma regressão do consciente para o inconsciente, um movimento que é típico ocorrer quando o ego assume para si um excesso de conteúdos inconscientes e perde a faculdade da discriminação.

Intuição. Uma das quatro funções psíquicas. É a função irracional que nos alerta para as possibilidades inerentes no presente. Ao contrário da sensação (a função que percebe a realidade imediata por meio dos sentidos físicos), a intuição percebe através do inconsciente, por exemplo, em lampejos de *insight* de origem desconhecida.

Ouroboros. A serpente mítica, ou dragão, que come a própria cauda. É um símbolo da individuação, como processo circular e autocontido, e da autoabsorção narcisista.

Participation mystique. Termo derivado do antropólogo Lévy-Bruhl. Denota uma conexão psicológica primitiva com objetos ou entre pessoas, resultando em um forte vínculo inconsciente.

Persona (latim, "máscara de ator"). O papel social da pessoa; deriva das expectativas da sociedade e da educação recebida nos primeiros anos de vida. Um ego forte se relaciona com o mundo exterior por meio de uma *persona* flexível; a identificação com uma *persona* específica (médico, erudito, artista etc.) inibe o desenvolvimento psicológico.

Projeção. Processo pelo qual um atributo ou uma característica inconsciente da pessoa é percebida em um objeto ou em uma pessoa de fora, e como ela reage. A projeção da *anima* ou do *animus* em uma mulher ou um homem é vivida como se apaixonar. Expectativas frustradas indicam a necessidade de retirar a projeção a fim de ser possível se relacionar com a realidade da outra pessoa.

Puella aeterna (latim, "eterna menina"). Indica certo tipo de mulher que permanece tempo demais na psicologia da adolescência, geralmente associada a uma poderosa ligação com o pai. A contraparte masculina é o *puer aeternus*, o "eterno jovem", com um vínculo correspondente com a mãe.

Self. Arquétipo da totalidade e centro regulador da personalidade. É vivido como um poder transpessoal que transcende o ego, por exemplo, Deus.

Sentimento. Uma das quatro funções psíquicas. É uma função racional, que avalia o valor de relacionamentos e situações. O sentimento deve ser distinguido da emoção, que resulta da ativação de um complexo.

Símbolo. A melhor expressão possível de algo essencialmente desconhecido. O pensamento simbólico é não linear, orientado pelo hemisfério direito do cérebro. É complementar ao pensamento lógico e linear do hemisfério direito.

Sombra. Uma parte inconsciente da personalidade, caracterizada por traços e atitudes que o ego consciente costuma rejeitar. É personificada nos sonhos por pessoas do mesmo sexo de quem tem o sonho.

Transferência e contratransferência. Casos particulares de projeção, em geral usados para descrever o vínculo emocional, inconsciente, que surge entre duas pessoas em um relacionamento terapêutico ou analítico.

Notas

O leitor pode consultar a seção de referências bibliográficas para detalhes das publicações que não são dados aqui.

1. Erich Neumann, "On the Moon and Matriarchal Consciousness", *Fathers and Mothers*, p. 59.
2. Neumann, "Psychological Stages of Feminine Development", p. 96.
3. Adrienne Rich, "Reforming the Crystal", *Poems. Selected and New, 1950-1974*, p. 228.
4. Carolyn G. Heilbrun, *Reinventing Womanhood*, pp. 37-50.
5. Samuel Noah Kramer, *The Sacred Marriage Rite: Aspects of Faith, Myth, and Ritual in Ancient Sumer*, pp. 108-21; e Diane Wolkstein e Samuel Noah Kramer, *Inanna, Queen of Heaven and Earth, Her Stories and Hymns*.

6. Alexander Heidel. *The Gilgamesh Epic and Old Testament Parallels*, pp. 119-28.
7. Thorkild Jacobsen, *The Treasures of Darkness: A History of Mesopotamian Religion*, p. 55.
8. Kramer. *Sacred Marriage Rite*, p. 108.
9. *Ibid.*, p. 112.
10. Wolkstein e Kramer.
11. Ver, por exemplo, Tillie Olsen, *Silences*; Adrienne Rich, *Of Woman Born* e *On Lies, Secrets, and Silences*; Carolyn Heilbrun, *Reinventing Womanhood*; e Dorothy Dinerstein, *The Mermaid and the Minotaur*. Vale a pena salientar aqui que até mesmo Toni Wolff, em seu ensaio "Structural Forms of the Feminine Psyche" (Zurique, 1946, disponível na maioria das bibliotecas das unidades do C. G. Jung Center), explica suas categorias – mãe, amazona, hetera e médium – basicamente em relação ao masculino. Embora válidas, essas categorias precisam ser entendidas de modo mais introvertido do que o adotado por Wolff em seu ensaio, ou seja, em termos de ser mãe, parceira e mediadora de nossa própria profundidade feminina, e não somente de companheiros homens externos.
12. Ver David R. Kingsley, *The Sword and the Flute*; e Beverley Zabriskie, "Isis, Ancient Goddess, Modern Woman".
13. Samuel Noah Kramer, *From the Poetry of Sumer*, pp. 27ss.
14. Ver Erich Neumann, *The Origins and History of Consciousness*; e Edward C. Whitmont, "The Momentum of Man". [*História das Origens da Consciência*. São Paulo: Cultrix, 2ª ed., 2022.]
15. "Inanna and the Huluppu Tree", Wolkstein e Kramer.

16. Jacobsen, p. 623.

17. Heidel, p. 134.

18. Talvez a alma seja considerada feminina porque uma grande parte da experiência corporal do ego inclui a penetração de limites, tanto por dentro como por fora (por exemplo, a menstruação, relações sexuais, o parto e a lactação). Essas experiências corporais preparam o ego para sua capacidade de ser atingido, de permitir que algo exerça influência sobre ele. Essa é uma penetração análoga à penetração da alma pelo divino. Em muitas culturas, o devoto é comparado à noiva ou à esposa do deus. Os homens são encorajados a imitar Radha ou a noiva de Cristo e a se sujeitar à divindade transpessoal. Também em muitas culturas, as mulheres em geral se incumbem das funções diárias da alimentação e da excreção de outras pessoas. Existe uma analogia entre essas atividades "menores" e a atenção dedicada à alma que recebe o numinoso de cima e de baixo.

19. Jean Gebser, "The Foundations of the Aperspective World".

20. C. G. Jung, "The Psychological Aspects of the Kore", C. G. Jung e C. Kerényi, *Essays on a Science of Mythology*, p. 170.

21. Jacobsen aponta que a forma mais antiga do nome dela era Ninanna(k), "Senhora do Monte de Tâmaras" (p. 36).

22. Ver Rodney Collin, *The Theory of Celestial Influence* (Nova York: Samuel Weiser Inc., 1954). O ciclo de oito anos do planeta Vênus "parece reger o crescimento e a multiplicação da humanidade" (p. 298). Alguns estudos demonstraram que a periodicidade do planeta está correlacionada com as colheitas principais (p. 276).

23. Kramer, *Poetry of Sumer*, p. 94.

24. Por sua ajuda humana e heroica, Gilgamesh recebe como prêmios o *pukku* e o *mikku*, os emblemas reais que posteriormente caem no mundo inferior e lhe proporcionam o conhecimento da mortalidade. (Ver a introdução de Wolkstein e Kramer que traz uma discussão mais completa dessa história: "Inanna and the Huluppu Tree".)

25. Jacobsen, p. 137.

26. Kramer, *Poetry of Sumer*, p. 88.

27. *Ibid.*, p. 97.

28. Jacobsen, p. 138.

29. Kramer, *Sacred Marriage Rite*, p. 96.

30. *Ibid.*, 59.

31. Jacobsen, p. 141.

32. Karl Kerényi, *Athene: Virgin and Mother*, p. 45.

33. Kerényi, "Kore", Jung e Kerényi, *Science of Mythology*, p. 105.

34. Inanna descreve seus dois filhos: um "que entoa hinos para mim / que corta minhas unhas e desembaraça meu cabelo", e um que "é meu braço direito. / Ele é meu braço esquerdo. / Ele é meu líder" (Wolkstein e Kramer, pp. 66, 67). Eles não são amantes. Ela garante que eles não sejam destruídos pelos demônios no poema da descida. Seu consorte amado é Dumuzi, que não é seu filho. E é ele quem ela finalmente escolhe enviar ao mundo dos mortos como seu substituto. Em alguns momentos dos poemas de amor, ela é levada a se referir a Dumuzi como "filho" ou "irmão" (Kramer, *Sacred Marriage Rite*, pp. 96-7), mas isso parece apenas o uso entre sumérios de termos de parentesco para apontar o atributo de uma proximidade emocional ou do respeito. Esses apelativos de família

são frequentes na Suméria (e também os encontramos na antropologia tribal). Nesse sentido, também Inanna chama Ereshkigal de "irmã mais velha". Inanna é a Grande Deusa mais antiga que conhecemos que sacrifica um amante para que ocupe seu lugar. Ele é o rei anual, mas este não é seu filho. Ele é o mortal amado que foi equiparado à deusa (ver adiante, Capítulo 9).

35. Heidel, pp. 50-2.

36. Kramer, *Poetry of Sumer*, p. 92.

37. Ezra, 10:3-43.

38. Ver Michelle Zimbalist Rosaldo e Louise Lamphere, orgs., *Woman, Culture, and Society*.

39. Edward C. Whitmont, obra em andamento.

40. *New York Times*, 12 de agosto de 1980, C7.

41. Ver C. G. Jung, "The Symbolic Life", *Complete Works*, v. 18, par. 630ss.

42. Jacobsen, p. 99.

43. Samuel Noah Kramer, *Sumerian Mythology*, pp. 43-7.

44. Kerényi, "Kore", Jung e Kerényi, *Science of Mythology*, p. 125.

45. "Inanna and the Huluppu Tree", Wolkstein e Kramer.

46. Portanto, a tradução de Jacobsen da frase acima é igualmente relevante: "Ereshkigal recebeu o *kur* como prêmio". Ela se tornou rainha, pois, com a separação entre céu e terra, o *kur* passou a ser sua Grande Morada e o local de uma nova fertilidade para ela.

47. Nesse mesmo sentido, as iniciadas nos mistérios de Elêusis encontravam conforto em Perséfone-Deméter e no conhecimento da vida eterna, alcançada por meio do mistério.

48. Às vezes, o deus da Lua e Gilgamesh, e até mesmo o deus do Sol e Dumuzi em sua forma no mundo inferior, juntavam-se ao corpo de juízes de Ereshkigal (Jacobsen, p. 228).

49. *Ibid.*

50. Heidel, p. 122.

51. Kramer, *Sacred Marriage Rite*, p. 113.

52. Heidel, p. 122.

53. Kingsley, pp. 140-41.

54. Swami Rama *et al.*, *Yoga and Psychotherapy: The Evolution of Consciousness*, pp. 226-31.

55. Kimberley McKell, *The Psychology of the Tantric Chakras.*

56. Marie-Louise von Franz, "The Handless Maiden", *Problems of the Feminine in Fairytales*, pp. 70-8.

57. Atualmente, a depressão atinge de duas a seis vezes mais mulheres do que homens nos Estados Unidos. Ver Maggie Scarf, *Unfinished Business: Pressure Points in the Lives of Women* (Nova York: Doubleday, 1980) que traz a versão de um leigo sobre o assunto.

58. Sylvia Perera Massell, "The Scapegoat Complex".

59. Patricia Berry, "The Rape of Demeter/Persephone and Neurosis".

60. Jane Ellen Harrison, *Prolegomena to the Study of Greek Religion*, p. 8ss.

61. Enki então lhes ensinou como interromper uma das pragas de Namtar (Jacobsen, p. 118).

62. Marie-Louise von Franz, *Shadow and Evil in Fairy Tales*, p. 167.

63. Heidel, p. 129.

64. Jacobsen, p. 229.

65. Dinerstein, *The Mermaid and the Minotaur.*

66. Edward C. Whitmont, "The Momentum of Man".

67. Kramer, *Sacred Marriage Rite*, p. 114.

68. C. G. Jung, "Psychological Commentary on Kundalini Yoga" (Palestra de 1º de outubro de 1932), *Spring 1975*, p. 2.

69. As palavras de Linda-Fierz David serviriam sob medida para falar de Inanna, embora o termo "fusão" fosse mais apropriado em seu texto do que "relacionamento": "Viver segundo o princípio do relacionamento, deixar-se emaranhar e emaranhar outras pessoas é uma necessidade natural para todas as mulheres... mas assim que o relacionamento é vivido à custa da própria alma, assim que a mulher flui excessivamente, sem reservas, no mundo à sua volta... brota nela uma poderosa contracorrente... O espírito lhe aparece como morte... em contraposição a uma vida mais do que sobrecarregada, a *morte* se lhe revela *como o valor mais alto*... prenunciando a temível necessidade de abrir mão de todos os vínculos *em si mesma* e desistindo de todos os relacionamentos com o mundo a fim de descobrir a relação com o espírito e, daí em diante, consigo mesma... Ela deve... ousar saltar nas trevas... No hálito frio do âmbito espiritual, a mulher deve experimentar também sua própria frieza... [a fim de] se libertar da compulsão de se relacionar, que é uma sujeição à natureza" ("Psychological Reflections on te Fresco Series of the Villa of the Mysteries in Pompeii", pp. 93-7).

70. Von Franz, *Shadow and Evil*, p. 169.

71. Antonio T. de Nicolas, *Meditations through the Rig-Veda: Four-Dimensional Man*, p. 24.

72. Joseph Campbell, *Myths to Live By*, pp. 103-04.

73. Essa é uma parte dos ensinamentos do *Bhagavad-Gita*.

74. Kramer, *Sacred Marriage Rite*, p. 116.

75. Jacobsen, p. 58.

76. Kramer, *Sacred Marriage Rite*, p. 116.

77. Gertrude Ujhely, "Thoughts Concerning the *Causa Finalis* of the Cognitive Mode Inherent in Pre-Oedipal Psychopathology". Ver também Dorothee Soelle, *Suffering*, trad. Everett R. Kalen (Filadélfia: Fortress Press, 1975).

78. Penelope Washboune, org., *Seasons of Women*, p. 52.

79. Citado por Margaret W. Masson em "The Typology of the Female as a Model for the Regenerate: Puritan Preaching, 1690-1730", p. 312.

80. Gerard Manley Hopkins, *Poems and Prose of Gerard Manley Hopkins*, org. por W. H. Gardner (Londres, 1953), p. 61.

81. Esther Harding, *Women's Mysteries*, p. 84.

82. *Ibid.*, p. 135ss.

83. Naturalmente, essa capacidade existe nos homens; às vezes, figuras de *animus* nos sonhos são imagens de um feminino mais yang. Ambas são válidas e necessárias a ambos os sexos.

84. T.-W. Danzell; citado por Erich Neumann, *The Great Mother*, p. 197. [*A Grande Mãe*. São Paulo: Cultrix, 2ª ed., 2021.]

85. Essa divisão das duas deusas sugere uma consciência intuitiva e ancestral no funcionamento cerebral só confirmada cientificamente há pouco tempo por Paul MacLean e outros. (Ver, por exemplo, Mary Long, "Ritual and Deceit", *Science Digest*, nov./dez.

1980, pp. 87-121.) O cérebro "reptiliano" primitivo é responsável pela autopreservação, pela agressão violenta, pela dominação e por comportamentos de exibição ritualmente repetitivos. Esses são um tanto análogos a padrões de comportamento associados pelos sumérios à figura de Ereshkigal. O cérebro límbico, com os processos pré-frontais do neocórtex, funciona para preservar a espécie, sustento, empatia, vínculo social. Esses são relativamente análogos a comportamentos associados a Inanna.

86. Penelope Shuttler e Peter Redgrove, *The Wise Wound: Eve's Curse and Everywoman*.

87. Karen Elias-Button, "The Dark Mother in Contemporary Women's Poetry", *Anima, An Experimental Journal*, v. 4, n. 2, p. 8.

88. Rich, *Poems*, p. 193.

89. A principal diferença no desenvolvimento masculino é que, até recentemente – e, muitas vezes, apenas na segunda metade da vida –, a maioria dos homens não tem precisado descer às profundezas reprimidas depois de terem se libertado inicialmente de sua infância e se identificado com a cultura, pois têm sido apoiados pelo mundo exterior sem uma dissonância interior. Como não existe um padrão adequado da totalidade masculina que seja coletivamente sancionado para compor um modelo do desenvolvimento do ego masculino, e como o ideal de ego heroico também é sentido como inadequado, cada vez mais os homens são forçados a se relacionar de maneira diferente do que seu estrato mais profundo e a ousar o descenso individual que lhes permite reivindicar imagens e padrões instintivos reprimidos.

90. Heidel, pp. 122-23.

91. Kramer, *Sacred Marriage Rite*, p. 113.

92. Jacobsen, p. 95.

93. *Ibid.*, p. 110.

94. O deus An informa que o touro na terra causará sete anos de fome (Heidel, p. 53). Ishtar e seus adoradores lamentam a morte do touro quando Gilgamesh e Enkidu dão cabo dele, valendo-se de seu poder mortal (*ibid.*, p. 54).

95. Jacobsen, p. 98.

96. *Ibid.*, p. 99.

97. Kerényi, "Kore", Jung e Kerényi, *Science of Mythology*, p. 139.

98. Kramer, *Sacred Marrige Rite*, p. 114.

99. Mircea Eliade, "Terra Mater and Cosmic Hierogamies, *Spring 1955*, p. 35.

100. *Ibid.*, p. 38.

101. *Ibid.*, p. 39.

102. Neumann, *Great Mother*, pp. 192-94.

103. Eliade, "Terra Mater", p. 39.

104. Isso pode ser análogo à irrupção marcada pela diabólica Inanna, voltando à vida desde o mundo inferior (ver Capítulo 9).

105. Kramer, *Sacred Marriage Rite*, pp. 69-70. De acordo com a teoria junguiana "ortodoxa", pode-se argumentar que essa aceitação do irmão em vez do pai é boa, mas pode ser enganosa. O *animus* irmão também pode tomar a mulher devido à sua própria necessidade, ou servir como porta-voz para o *animus* da mãe (Patricia Finley, comunicação pessoal). Nos poemas de Inanna, sua mãe – Ningal –

insiste que ela se case com Dumuzi. Ela e Utu encorajam Inanna a aceitar o pastor como consorte (*ibid.*, p. 76).

106. Jung, "The Dual Mother", *Collected Works*, v. 5, par. 464-612.

107. Jung, *The Visions Seminars*, pp. 118-19.

108. Jung, *Collected Works*, v. 14, par. 43, n. 66

109. *Ibid.*, par. 43.

110. *Ibid.*, par. 44, n. 72.

111. Que eu saiba, o material sumário-acádio não faz menção a tais centros de consciência e de energia, mas tenho certeza de que essa interpretação não é forçada, a julgar pelo cuidado com que são ordenados os trajes. E Joseph Campbell sugeriu em uma palestra que as sete voltas do entrelaçamento das duas serpentes na taça de Gudea da Babilônia (ca. 2000 a.C.) pode simbolizar a *kundalini* e seus chakras.

112. Neuman, *Great Mother*, p. 160.

113. *Ibid.* Para uma descrição das guardiãs mulheres do portão egípcio, ver *Egyptian Book of the Dead*, cap. 147.

114. Ver S. P. Mason, *A History of the Sciences.*

115. Apuleio descreve sua iniciação romana nos mistérios de Ísis: "Chego perto dos confins da morte. Depois de transpor o limiar de Proserpina, retorno através de todos os elementos. À meia-noite, contemplei a luz do sol fulgurante. Estava na presença dos deuses de cima e dos deuses de baixo".

116. Wolkstein e Kramer.

117. *Ibid.*

118. Jacobsen, p. 124-25.

119. A mesma palavra é usada para as três substâncias (*ibid.*, p. 111).

120. Elizabeth Williams Forte, *Ancient Near Eastern Seals*, nos 39 e 41.

121. James Hillman escrevendo sobre Tirésias em *The Myth of Analysis*, p. 280.

122. McKell, pp. 208ss.

123. Jacobsen, p. 111.

124. Vermelho é a cor que os estudiosos têm particularmente associado a Enki na Suméria (Forte, nº 37, n.).

125. Kramer, *Sacred Marriage Rite*, pp. 166-67.

126. Wolkstein e Kramer.

127. *Ibid.*

128. Edward C. Whitmont, "The Magic Dimension of Consciousness"; e Ujhely.

129. Kramer, *Sacred Marriage Rite*, p. 116.

130. *Ibid.*

131. Um dos problemas do terapeuta homem que não se sente à vontade com essas camadas mais profundas da psique, quando se sente engolfado pelo feminino, sem entender aquele nível do feminino, é que ele pode registrar a intimidade como tendo um viés sexual, especialmente quando a transferência é erotizada em seu polimorfismo. Para a mulher, a resposta física ou interpretativa do terapeuta homem (à necessidade que ela manifesta de uma intimidade primal de maneira erótica e genital indiferenciada) pode parecer uma traição. Não é disso que ela precisa, embora ela mesma possa não saber disso senão mais tarde.

132. Jung, *Collected Works*, v. 9, pt. II, par. 339.

133. Jung, *Visions Seminars*, p. 91.

134. Jung "The Symbolic Life, *Collected Works*, v. 18, par. 631.

135. Wolkstein e Kramer.

136. Neumann diz: "Porque o feminino foi humilhado e abusado como objeto de prazer, ele se vinga regredindo à hostilidade matriarcal contra o masculino" ("Psychological Stages of Feminine Development", p. 86). A perspectiva que adota é patriarcal, baseada somente em uma posição adversária, que mal sugere as questões mais amplas, inerentes ao retorno de Inanna e da mulher moderna à deusa escura.

137. Kramer, *Sacred Marriage Rite*, p. 105.

138. *Ibid*., p. 156, n. 25.

139. Jacobsen, pp. 26-7.

140. *Ibid*., p. 26.

141. Kramer, *Sacred Marriage Rite*, pp. 81 e 59; e Jacobsen, p. 46.

142. Kramer, *Sacred Marriage Rite*, p. 118.

143. *Ibid*., p. 119.

144. Wolkstein e Kramer.

145. Kramer, *Sacred Marriage Rite*, p. 119.

146. Jacobsen, pp. 49-52.

147. Wolkstein e Kramer.

148. Kramer, *Sacred Marriage Rite*, p. 128.

149. *Ibid*., pp. 63ss, 92, 100.

150. *Ibid.*, 122.

151. Jacobsen, pp 27-8.

152. *Ibid.*, p. 62.

153. *Ibid.*, p. 27.

154. James Hillman, "On Psychological Femininity", *Myth of Analysis*, pp. 215-98.

Referências Bibliográficas

Berry, Patricia. "The Rape of Demeter/Persephone and Neurosis", *Spring 1975*.

Christ, Carol P. e Plaskow, Judith, orgs. *Womanspirit Rising, A Feminist Reader in Religion*. São Francisco: Harper & Row, 1979.

De Nicolas, Antonio T. *Meditations Through the Rig-Veda: Four-Dimensional Man*. Boulder e Londres: Shambhala, 1978.

Joseph Campbell. *Myths to Live By*. Nova York: Viking Press, 1972. [*Para Viver os Mitos*. São Paulo: Cultrix, 1997 (fora de catálogo).]

Dinerstein, Dorothy. *The Mermaid and the Minotaur: Sexual Arrangements and Human Malaise*. Nova York: Harper & Row, 1977.

Fierz-David, Linda. "Psychological Reflections on the Fresco Series of the Villa of the Mysteries in Pompeii". Cópia mimeografada. Zurique, 1957.

Forte, Elizabeth Williams. *Ancient Near Eastern Seals: A Selection of Stamp and Cylinder Seals from the Collections of Mrs. William H. Moore*. Nova York: Metropolitan Museum of Art, 1976.

Gebser, Jean. "The Foundations of the Aperspective World". Excertos de *Main Currents of Modern Thought*, v. 29 (1972), n. 2; v. 30 (1973) nº 3.

Guntrip, Harry. *Schizoid Phenomena, Object Relations, and the Self*. Nova York: International Universities Press, 1969.

Harding, M. Esther. *Woman's Mysteries, Ancient and Modern*. Nova York: Harper & Row, 1976

Harrison, Jane Ellen. *Prolegomena to the Study of Greek Religion*. Cambridge: Cambridge University Press, 1922.

Heidel, Alexander. *The Gilgamesh Epic and Old Testament Parallels*. Chicago: University of Chicago Press, 1946.

Heilbrun, Carolyn G. *Reinventing Womanhood*. Nova York: W. W. Norton & Co., 1979.

Hillman, James. *The Myth of Analysis: Three Essays in Archetypal Psychology*. Evanston: Nothwestern University Press, 1972.

Jacobsen, Thorkild. *The Treasures of Darkness: A History of Mesopotamian Religion*. New Haven: Yale University Press, 1976.

Jung, C. G. *The Collected Works* (Bollingen Series XX). 20 vols., trad. R. F. C. Hul, orgs., H. Read, M. Fordham, G. Adler, Wm. McGuire. Princeton: Princeton University Press, 1953-1979.

______. *The Visions Seminars* (1930-1934). 2 vols. Zurique: Spring Publications, 1976.

______ e Kerényi, C. *Essays on a Science of Mythology: The Myth of the Divine Child and the Mysteries of Eleusis*. Nova York: Harper & Row, 1949.

Kerényi, Karl. *Athene, Virgin and Mother*. Zurique: Spring Publications, 1978.

Kingsley, David R. *The Sword and the Flute: Kali and Krsna, Dark Visions of the Terrible and the Sublime in Hindu Mythology*. Berkeley: University of California Press, 1975.

Kohut, Heinz. *The Analysis of Self*. Nova York: International Universities Press, 1971.

Kramer, Samuel Noah. *From the Poetry of Sumer: Creation, Glorification, and Ritual in Ancient Sumer*. Berkeley: University of California Press, 1979.

______. *The Sacred Marriage Rite: Aspects of Faith, Myth, and Ritual in Ancient Sumer*. Bloomington: Indiana University Press, 1969.

______. *Sumerian Mythology: A Study of Spiritual and Literary Achievement in the Third Millenium B.C.* Nova York: Harper & Row, 1961.

Mason, S. P. *A History of the Sciences*. Nova York: Collier, ed. rev., 1962.

Massell, Sylvia Perera. "The Scapegoat Complex", *Quadrant*, v. 12 (1979), n. 2.

Masson, Margaret W. "The Typology of the Female as a Model for the Regenerate: Puritan Preaching, 1690-1730." *Signs, Journal of Women in Culture and Society*, v. 2 (1976), n. 2.

McKell, Kimberley. *The Psychology of the Tantric Chakras*. University Microfilms International, 1978.

Neumann, Erich. *The Great Mother: An Analysis of the Archetype*. Princeton: Princeton University Press, 1955. [*A Grande Mãe*. São Paulo: Cultrix, 2ª ed., 2021.]

______. "On the Moon and Matriachal Consciouness". *Fathers and Mothers: Five Papers on the Archetypal Background of Family Psychology*. Zurique: Spring Publications, 1973.

______. *The Origins and History of Consciousness*. Princeton: Princeton University Press, 1970. [*História das Origens da Consciência*. São Paulo: Cultrix, 2ª ed., 2022.]

______. "Psychological Stages of Feminine Development". *Spring 1959*.

Olsen, Tillie. *Silences*. Nova York: Delta/Seymour Lawrence, 1979.

Rama, Swami; Ballentine, Rudolph, e Ajaya, Swami. *Yoga and Psychotherapy: The Evolution of Consciousness*. Honesdale, Pa.: The Himalayan Institute, 1976.

Rich, Adrienne. *On Lies, Secrets, and Silences: Selected Prose 1966-1978*. Nova York: W. W. Norton & Co., 1979.

______. *Poems: Selected and New, 1950-1974*. Nova York: W. W. Norton & Co., 1974.

______. *Of Woman Born: Motherhood as Experience and Institution*. Nova York: W. W. Norton, 1976.

Rosaldo, Michelle Zimbalist, e Lamphere, Louise, orgs. *Woman, Culture, and Society*. Stanford: Stanford University Press, 1974.

Shuttle, Penelope e Redgrove, Peter. *The Wise Wound: Eve's Curse and Everywoman*. Nova York: Richard Marek Publishers, 1978.

Ujhely, Gertrude. "Thoughts Concerning the *Causa Finalis* of the Cognitive Mode Inherent in Pre-Oedipal Psychopathology". Trabalho de graduação. C. G. Jung Training Center, Nova York, 1980.

Von Franz, Marie-Louise. *Problems of the Feminine in Fairytales*. Zurique: Spring Publications, 1972.

______. *The Psychological Meaning of Redemption Motifs in Fairytales*. Toronto: Inner City Books, 1980. [*O Significado Psicológico dos Motivos de Redenção nos Contos de Fadas*. São Paulo: Cultrix, 2ª ed., 2021.]

______. *Shadow and Evil in Fairytales*. Zurique: Spring Publications, 1974.

Washbourne, Penelope, org. *Seasons of Woman: Song, Poetry, Ritual, Prayer, Myth, Story*. São Francisco: Harper & Row, 1979.

Whitmont, Edward C. "The Magic Dimension of Consciousness." *Spring 1956*.

______. "The Momentum of Man: The Cultural Evolution of the Masculine and Feminine." *Quadrant*, v. 9 (1976), nº 1.

Wolkstein, Diane, e Kramer, Samuel Noah. *Inanna, Queen of Heaven and Earth: Her Stories and Hymns*. Nova York: Harper Perennial, 1983.

Woodman, Marion. *The Owl Was a Baker's Daughter: Obesity, Anorexia Nervosa, and the Repressed Feminine*. Toronto: Inner City Books, 1980. [*A Coruja Era Filha do Padeiro*. São Paulo: Cultrix, 2ª ed., 2020.]

Zabriskie, Beverly. "Isis, Ancient Goddess, Modern Woman". Trabalho de graduação. C. G. Jung Training Center, Nova York, 1980.

Índice Remissivo